Vom selben Autor

«Leben nach dem Tod»
«Nachgedanken über das Leben nach dem Tod»
«Leben vor dem Leben»

Raymond A. Moody
mit Paul Perry

Das Licht von drüben

Neue Fragen und Antworten

Deutsch von Lieselotte Mietzner

Einführung von Colin Wilson

Rowohlt

Die Originalausgabe erschien unter dem Titel «The Light Beyond. New Explorations by the Author of ‹Life after Life›»
1988 im Verlag Bantam Books, New York
Umschlaggestaltung Werner Rebhuhn
(Gemälde «Der Buttermere-See mit Ansicht Cromack»
von William Turner. London, Tate Gallery
Archiv für Kunst und Geschichte, Berlin)

Der Verlag dankt Birte Kraft für die Übersetzung der Einführung von Colin Wilson und für zahlreiche redaktionelle Anregungen.

8. Auflage Juli 2004

Gesetzt aus der Palatino (Linotron 202)
Gesamtherstellung Clausen & Bosse, Leck
Printed in Germany
ISBN 3 498 04315 3

Inhalt

Einführung

von Colin Wilson

Mit der Gründung der Society for Psychical Research im Jahre 1882 erhob die Parapsychologie den Anspruch, eine exakte Wissenschaft zu sein. Heute, mehr als ein Jahrhundert später, mußte jedoch auch ihr eifrigster Verfechter zugeben, daß sie diesem Anspruch nicht gerecht werden konnte. Nicht ein einziges «Faktum» wurde bisher wissenschaftlich bewiesen: weder Leben nach dem Tod noch Präkognition, noch Ausleibigkeitserlebnisse; sogar Telepathie wird von vielen ernsthaften Forschern für Unsinn gehalten. All das verstärkt noch den sensationellen Erfolg der Erforschung von «Todesnähe-Erlebnissen». Dieser neueste Zweig der paranormalen Forschung wurde fast im Alleingang von Dr. Raymond Moody, dem Autor dieses Buches, begründet.

Wie meist bei Geistesblitzen, kam auch dieser beinah zufällig. Mitte der sechziger Jahre stieß der noch junge Philosophiestudent Moody auf das Todesnähe-Erlebnis eines Psychiaters aus Virginia. Dieser Dr. med. George Ritchie war als junger Soldat «gestorben» und dann wieder ins Leben zurückgekommen. Ich kann mir vorstellen, wie die Aufzeichnung dieses Erlebnisses auf Moody gewirkt haben muß, da mir ein paar Jahre später – lange bevor ich von Moody gehört hatte – dieselbe Tonbandaufzeichnung vorgelegt wurde. Da beschreibt Ritchie, wie er in Texas mit Lungenentzündung in ein Krankenhaus eingeliefert wurde, wie er plötzlich einen Blutsturz erlitt und das Bewußtsein verlor. Als er die Augen aufschlug, sah er seinen eigenen Körper auf dem Bett liegen. Draußen auf dem Flur lief ein Pfleger geradewegs durch ihn hindurch, und ein Mann, dem er auf die Schulter klopfte, reagierte überhaupt nicht. Wieder im Zimmer, fand er es wie «von über tausend Lichtern erhellt», und es erschien eine Gestalt, in der er Jesus erkannte, die führte ihn durch eine prächtige Stadt und sprach zu ihm ausführlich über die Folgen des Sündigens. Als Ritchie aus dem Koma erwachte, war er überzeugt, erlebt zu haben, was Sterben ist.

Ich muß zugeben, daß mich damals die religiöse Einkleidung dieses Erlebnisses gestört hat, es klang mir zu sehr nach Heilsarmee. Heute weiß ich, daß ich genau das hätte tun sollen, was Raymond Moody getan hat, ich hätte nach anderen Menschen suchen sollen, die auch ein «Todesnähe-Erlebnis» gehabt haben. Dann hätte ich dieselbe Entdeckung gemacht, die Moody so faszinierte: Todesnähe-Erlebnisse sind weitaus häufiger als allgemein angenommen.

Dies wurde mir jedoch erst 1984 klar, genau an jenem Tag, an dem ich mein Buch über das Thema «Leben nach dem Tod» beginnen wollte. Bei meinem nachmittäglichen Spaziergang traf ich die Frau eines Freundes, und als ich erwähnte, daß ich anfangen wollte, mein Buch «Afterlife» zu schreiben, erzählte sie mir von ihrem eigenen Todesnähe-Erlebnis. Eines Nachts, von starken Unterleibsschmerzen geplagt (was später eine Gebärmutterentfernung erforderlich machte), ging sie zu Hause die Treppe hinunter und merkte, wie sie in Ohnmacht fiel und dann in einen langen Tunnel gezogen wurde, an dessen Ende es hell war. Ein Gefühl vollkommenen Friedens überkam sie. Als sie sich damit abgefunden hatte zu sterben, dachte sie daran, wie ihr Mann und ihr Sohn sie morgens tot auffinden würden, und daraufhin beschloß sie, am Leben zu bleiben. Sie kehrte zurück in ihren Körper und hatte kein Fieber mehr. Sie erzählte mir, daß sie jetzt keine Angst mehr vor dem Tod habe und daß das Erlebnis ihr Mut sowohl zum Leben als auch zum Sterben gegeben habe. Außerdem erzählte sie mir noch von einem unserer Nachbarn, der ein ganz ähnliches Erlebnis gehabt habe. Seit jenem Tag wurden mir Dutzende von solchen Erlebnissen geschildert, und ich weiß jetzt, daß ich allein in meinem Bekanntenkreis Hunderte solcher Geschichten hätte sammeln können.

Dr. Moody hat es dagegen tatsächlich getan, und das Ergebnis war «Leben nach dem Tod», ein Buch, das zum Erstaunen seines Verlages über Nacht ein Bestseller wurde. Der kleine amerikanische Verlag Mockingbird Books brachte das Buch ursprünglich heraus, doch als die Nachfrage nach «Leben nach dem Tod» immer größer wurde, übernahm das Verlagshaus Bantam den Vertrieb sowohl in den USA als auch in Großbritannien.

Über drei Millionen Exemplare allein der englischen Ausgabe wurden verkauft, und es stellt sich die Frage, warum. Todesnähe-Erlebnisse sind schon seit langem Gegenstand von Beschreibungen und Betrachtungen. Im Jahre 1871 stürzte ein Bergsteiger namens Albert Heim mehr als zwanzig Meter tief ab und empfand dabei so etwas wie «Transfiguration»; es war für ihn ein Blick in den Himmel. Daraufhin sammelte er zwanzig Jahre lang ähnliche Erlebnisse von anderen Bergsteigern. Wenige Jahre später begann Sir William Barrett, einer der Begründer der Society for Psychical Research, Krankenhauspatienten zu befragen, die dem Tod nahegekommen waren (seine Frau war Gynäkologin). Sein bekanntes Werk «Death-Bed Visions» (Totenbettvisionen) enthält Dutzende von Berichten über Transfigurationserlebnisse. Darin macht er die interessante Beobachtung, daß eine große Anzahl der Sterbenden Verwandte trifft, die bereits verstorben waren. In den fünfziger Jahren unseres Jahrhunderts befragte Dr. Karlis Osis in New York Ärzte und Krankenschwestern über ihre Erfahrungen mit sterbenden Patienten. Barretts Entdeckungen wurden durch ihn bestätigt. Auch Elisabeth Kübler-Ross, die nach dem Zweiten Weltkrieg mit Überlebenden aus Konzentrationslagern gearbeitet hatte, stellte nicht nur Untersuchungen über Erfahrungen mit dem Sterben an, sondern wurde dadurch selber immer stärker davon überzeugt, daß solche Erlebnisse tatsächlich einen Beweis für ein Leben nach dem Tod darstellen. (Übrigens hat sie seinerzeit ein Vorwort für Moodys «Leben nach dem Tod» geschrieben.)

Warum hat ausgerechnet Moodys kleines Buch ein so gewaltiges Echo ausgelöst und den Anstoß gegeben zur Gründung eines neuen Forschungszweiges, der Untersuchung von Todesnähe-Erlebnissen («TNE»)?

Die Antwort auf diese Frage liegt sicherlich darin, wie frisch und im besten Sinne unbekümmert Moody sein Thema angepackt hat. Gerade erst Arzt geworden (Moody hatte, nachdem er der Philosophie überdrüssig geworden war, noch Medizin studiert), fragte er einfach Hunderte von Patienten nach ihren Todesnähe-Erlebnissen und war ganz überrascht, in welch enormem Ausmaß die Berichte übereinstimmten. Er *selbst* war über das Ergebnis erstaunt, und dieses Staunen konnte er an seine Leser weitergeben. Und da sein Ansatz pragmatisch und einfach war, gelang es ihm, Millionen von Lesern klarzumachen, daß diese offensichtlichen Blicke über die Schranke des Todes hinweg ein ganz normaler und weitverbreiteter Bestandteil des menschlichen Lebens sind. Seit damals wurden von vielen anderen Forschern – Kenneth Ring, Michael Sabom, Maurice Rawlings, Edith Fiore, Margot Grey – seine Untersuchungen und seine Ergebnisse wiederholt bestätigt. Doch Moody hat mit seinem Buch «Leben nach dem Tod» ein ähnliches Paradigma geschaffen wie jener Mann, der die Quellen des Nils entdeckte.

Eine Frage bleibt offen: Ist die Todesnähe-Forschung nicht einfach die «Suche des Glaubens nach Beweisen», wie es James Alcock im «Skeptical Enquirer» ausdrückt, und somit einfach nur unsrer allgemeinen Angst vor dem Tod entsprungen? Die Erforschung von Todesnähe liefert Gründe, die dieser Ansicht entgegenstehen. Sir William Barrett zitiert zum Beispiel einen Fall, bei dem eine Sterbende «jenseits der Schwelle» von ihrer Schwester begrüßt wurde – sehr zu ihrem Erstaunen, denn man hatte ihr nicht erzählt, daß ihre Schwester kurz vorher gestorben war.

Ich neige dazu, das Problem anders zu betrachten. Mich hat der Tod als solcher nie sehr interessiert, sondern eher Tod als ein «erweiterter Bewußtseinszustand», wie er von Dichtern wie William Wordsworth (1770–1850) oder Mystikern wie Jakob Böhme (1575–1624) beschrieben wurde. Mein erstes Buch «Der Outsider» war eine Arbeit über Menschen, die sich dem alltäglichen Leben entfremdet fühlen, da sie bereits einen flüchtigen Eindruck von Bewußtseinszuständen bekommen hatten, die sie mit mehr Zufriedenheit und Weite erfüllten. Und ich war, wie Moody auch, stark beeindruckt von der auffälligen Übereinstimmung solcher Berichte, ob sie nun von buddhistischen Mystikern, mittelalterlichen Heiligen, romantischen Dichtern oder modernen Psychologen stammten. Am allermeisten verwundert haben mich allerdings die Beschreibungen von «höheren Ebenen» der mystischen Erfahrung. In Peter D. Ouspenskys Buch «Ein neues Modell des Universums» gibt es ein interessantes Kapitel, in dem er recht ausführlich die Auswirkungen seiner Experimente bezüglich höherer Bewußtseinsstufen beschreibt. Seine erste, grundlegende Aussage ist vielleicht sogar die wichtigste: Etwas über diese Experimente zu sagen sei prinzipiell unmöglich, denn um *etwas* zu sagen, müßte man *alles* sagen. Alles hänge miteinander zusammen. Nichts sei «abtrennbar». Wir alle kennen ähnliche Erlebnisse, wenn wir besonders glücklich und erregt sind – wenn wir zum Beispiel in Urlaub fahren: Erstens wirkt alles irgendwie «echter» als gewöhnlich, zweitens scheint uns alles irgendwie an etwas anderes zu «erinnern» und das wieder an etwas anderes und so weiter.

Ein weiterer experimenteller Mystiker, R. H. Ward, hat über seine Erfahrungen mit Lachgas und dem bewußtseinserweiternden Rauschmittel LSD ein Buch geschrieben: «A Drug Taker's Notes». Darin heißt es: «Nachdem ich die ersten Züge des Gases inhaliert hatte, gelangte ich sofort in einen Bewußtseinszustand, der weitaus vollkommener war als der höchste Grad an Wachheit, den ich je im normalen Zustand erlebt hatte.» Die ausführliche Beschreibung seines Erlebnisses läßt keinen Zweifel daran, daß er von *genau* derselben Erfahrung spricht wie Ouspensky. Beide haben verschiedenste Erfahrungs-«schichten» durchstoßen, eine davon ein mathematisches «Ideenreich», die letzte eine Ahnung dessen, was sich wie die «Gottesschau» eines Mystikers liest.

Meiner Ansicht nach bestätigt die faszinierende Ähnlichkeit solcher Berichte die Schlußfolgerung, die aus der Untersuchung des «Alltagsbewußtseins» gezogen wurde: In gewisser Weise ist unsere alltägliche Wahrnehmung nur ein Bruchteil, eine unter dem Durchschnitt liegende Version dessen, was eigentlich weitaus «normaler» und vollständiger sein sollte. «Alltagsbewußtsein» ist wie eine schmale Mondsichel, und das wahre normale Bewußtsein sähe aus wie ein Vollmond. Der am wenigsten entwikkelte – und deshalb am wenigsten wahrhaftige – Zustand des Bewußtseins ist das, was wir Langeweile nennen, ein Zustand, in dem wir alles so empfinden, als wäre es «bloß es selbst», ohne jeglichen Zusammenhang.

Dies ist für mich das letztlich überzeugende Argument für die Echtheit dieser Einblicke in eine umfassendere Wirklichkeit. Und da sich Moodys Ergebnisse genau in die Reihe dieser Einsichten einfügen, empfinde ich – und Millionen andere auch – seine Arbeit als einen der bewegendsten Höhepunkte in der Geschichte der Entdekkung des Menschen.

Kapitel 1

Das Erleben der Todesnähe

Was geschieht, wenn wir sterben? Das ist wahrscheinlich die häufigste und verwirrendste Frage, die wir Menschen uns stellen. Bricht unser Leben sang- und klanglos ab, so daß außer unseren sterblichen Überresten nichts mehr auf unser irdisches Dasein hinweist? Oder wird uns später ein höheres Wesen vom Tod auferwecken, falls wir im Buch des Lebens gute Noten aufzuweisen haben? Kehren wir als Tiere wieder, wie der Hinduismus es für möglich hält, oder vielleicht, nach vielen Generationen, als ganz andere Menschen?

Die fundamentale Frage nach einem Weiterleben nach dem Tode können wir heute noch genausowenig beantworten wie unsere Vorfahren, die vor Tausenden von Jahren zum erstenmal darüber nachdachten. Eine große Zahl ganz alltäglicher Menschen, die am Rand des Todes gestanden haben, berichten jedoch von wundersamen Einblicken in eine jenseitige Welt, eine Welt, die von Liebe und gegenseitigem Verstehen erfüllt ist und die man erst nach einer aufregenden Reise durch einen Tunnel oder Durchgang erreicht.

In dieser Welt trifft der Mensch bereits verstorbene Verwandte wieder, die in ein herrliches Licht gehüllt sind. Sie werden von einem höheren Wesen geleitet, das dem Neuankömmling sein bisheriges Leben in einer Rückschau vorführt, bevor es ihn auf die Erde zurückschickt, damit er dort weiterlebt.

Nach ihrer Rückkehr sind die «Gestorbenen» nicht mehr dieselben. Sie kosten das Leben nun in vollen Zügen aus und schätzen Liebe und Wissen als die höchsten Güter, da man sie als einzige mit hinübernehmen könne.

Mangels einer genaueren Bezeichnung für diese Vorgänge wollen wir die Erfahrung dieser Menschen «Todesnähe-Erlebnis» (TNE) nennen.

Ich habe diesen Ausdruck von einigen Jahren in meinem Buch «Leben nach dem Tod» geprägt. Andere Autoren haben – andere Namen gewählt, etwa «Reisen in die Anderswelt», «Flug des Einen zum All-Einen», «Durchbrechen der Seinsebene», «Todesnähe-Visionen». Wie man diese Episoden auch benennt, ihre Merkmale weisen immer auf das gleiche Erlebnis hin. Die Menschen mit Todesnähe-Erlebnissen durchlaufen einige oder sämtliche der folgenden Stufen: das Gefühl, tot zu sein; innerer Frieden und Schmerzfreiheit selbst bei körperlichen Schmerzen; Loslösung vom Körper; Eintritt in eine dunkle Zone oder einen Tunnel; rasches Emporsteigen zum Himmel; Zusammentreffen mit verstorbenen, in Licht getauchten Freunden und Verwandten; Begegnung mit einem höheren Wesen; Rückschau auf das eigene Leben; Widerstreben, in die Welt der Lebenden zurückzukehren.

Erarbeitet hatte ich diese einzelnen Elemente vor mehr als zwei Jahrzehnten in persönlichen Nachforschungen, die ich mehr durch Zufall als zweiundzwanzigjähriger Philosophiestudent an der Universität von Virginia begonnen hatte.

Ich saß mit etwa einem Dutzend Mitstudenten in einem Seminarraum und hörte Professor John Marshall die mit dem Tod verknüpften philosophischen Fragen erörtern. Marshall erzählte, er kenne in der Stadt einen Psychiater, Dr. George Ritchie, der nach der Erkrankung an doppelseitiger Lungenentzündung für tot erklärt, später aber erfolgreich wiederbelebt worden sei. Während Ritchie «tot» gewesen sei, habe er die erstaunliche Erfahrung gemacht, durch einen Tunnel zu gleiten und Lichtwesen zu begegnen.

Dieses Erlebnis, so mein Professor, habe auf Dr. Ritchie tiefen Eindruck gemacht, und er sei davon überzeugt, einen Blick ins Jenseits getan zu haben.

Offen gesagt war mir damals der Gedanke, wir könnten nach dem physischen Tod auf spiritueller Ebene weiterleben, noch nie gekommen. Ich hatte geglaubt, der Tod lösche unseren physischen Körper samt unserem Bewußtsein aus. Natürlich fand ich es aufregend, daß ein angesehener Arzt kühn genug war, öffentlich zuzugeben, er habe ins Jenseits geschaut.

Ein paar Monate später war ich dabei, als der Psychiater persönlich einer Gruppe von Studenten sein Erlebnis schilderte. Er sagte uns, er habe seinen scheintoten Körper aus einiger Entfernung auf dem Krankenhausbett liegen sehen, sei in ein strahlendes, Liebe ausströmendes Licht hineingezogen worden und habe alle Ereignisse seines Lebens in einem dreidimensionalen Panorama vor sich gesehen.

Ich speicherte Ritchies Geschichte säuberlich in meinem Gedächtnis und setzte mein Studium fort, das ich 1969 als Dr. phil. abschloß. Als ich danach meine Lehrtätigkeit an der Universität aufnahm, stieß ich auf das zweite Todesnähe-Erlebnis.

Einer meiner Studenten war im Jahr zuvor knapp am Tod vorbeigekommen, und ich fragte ihn, was er dabei erlebt habe. Ich war sprachlos, als sich herausstellte, daß er fast aufs Haar dieselbe Sterbeerfahrung gemacht hatte, die ich vor mehr als vier Jahren von Dr. Ritchie zum erstenmal gehört hatte.

Von da an hielt ich nach Studenten Ausschau, die ebenfalls Sterbeerlebnisse gehabt hatten. Als ich 1972 ein Medizinstudium anfing, hatte ich bereits acht Fälle von Todesnähe-Erlebnissen zuverlässiger, ehrlicher Menschen gesammelt.

Während des Medizinstudiums hörte ich von weiteren Fällen und hatte bald genug Fallgeschichten gesammelt, um mein Buch «Leben nach dem Tod» schreiben zu können, das ein internationaler Bestseller wurde. Offensichtlich brannten viele Menschen darauf zu erfahren, was uns nach diesem Leben erwartet.

Das Buch warf viele Fragen auf, die es nicht beantworten konnte, und erregte den Zorn von Skeptikern, die meinten, im Reich der «ernsthaften» Wissenschaft zählten die Fallstudien von ein paar hundert Menschen nicht. Viele Ärzte behaupteten, schon Hunderte von Menschen reanimiert, aber noch nie von Todesnähe-Erlebnissen gehört zu haben. Andere erklärten sie schlichtweg als eine Form von Geisteskrankheit, wie etwa Schizophrenie. Manche behaupteten, Todesnähe-Erlebnisse kämen nur bei streng religiösen Menschen vor, während wieder andere von einer Art «dämonischer Besessenheit» sprachen. Kinder hätten solche Erlebnisse nicht, sagten einige Ärzte, weil sie, anders als die Erwachsenen, noch nicht «durch unser kulturelles Umfeld verdorben» seien. Todesnähe-Erlebnisse seien nicht stichhaltig, weil zu wenige Menschen welche gehabt hätten, meinten andere.

Einige wenige Menschen hatten Interesse, das Thema Todesnähe-Erlebnisse weiter zu erforschen, darunter auch ich. Die Arbeit, die wir Todesnähe-Forscher in den letzten zehn Jahren geleistet haben, hat schon eine Menge

Licht in diesen Bereich gebracht. Den meisten Fragen derer, die Todesnähe-Erlebnisse für kaum mehr als eine Form von Geisteskrankheit oder eine Selbsttäuschung des Gehirns halten, konnten wir inzwischen auf den Grund gehen.

Letzten Endes war es sogar gut, daß die Skeptiker sich so lebhaft zu Wort gemeldet haben, denn ohne sie hätten wir dieses Phänomen wahrscheinlich nie so gründlich studiert. Was wir bei unseren Nachforschungen herausgefunden haben, findet sich zum größten Teil in diesem Buch.

Wer, wie viele und warum?

Als erstes möchte ich auf die Häufigkeit von Todesnähe-Erlebnissen eingehen. Als ich anfing, mich mit diesem Phänomen zu beschäftigen, dachte ich noch, nur sehr wenige Menschen hätten eine solche Grenzerfahrung wirklich erlebt. Ich hatte damals überhaupt noch keine Zahlen, und in der medizinischen Fachliteratur fanden sich natürlich auch keine Hinweise. Über den Daumen gepeilt, hätte ich gesagt, daß wohl einer von acht Menschen, die wiederbelebt wurden oder auf sonstige Weise dem Tod nahegekommen sind, mindestens ein Element der Todesnähe-Erfahrung kennengelernt haben dürfte.

Als ich anfing, Vorträge zu halten, und große Gruppen von Menschen fragte, ob sie oder jemand aus ihrem Bekanntenkreis je ein Todesnähe-Erlebnis gehabt hätten, wurde mir die Häufigkeit dieses Phänomens schlagartig bewußt. Bei Vorträgen fragte ich die Zuhörer: «Wer von Ihnen hat die Todesnähe-Erfahrung selbst durchlebt oder kennt jemanden, der sie erlebt hat?» Daraufhin hob etwa eine von dreißig Personen bejahend die Hand.

Der Meinungsforscher George Gallup fand heraus, daß in den USA acht Millionen Erwachsene ein Todesnähe-Erlebnis, kurz TNE, gehabt haben, das heißt also jeder zwanzigste.

Gallup gelang es, die Inhalte dieser Erlebnisse zu ermitteln, indem er nach ihren Bestandteilen fragte. Dabei ergab sich folgendes Bild:

Element	*Prozent*
Verlassen des Körpers	26
Genaue visuelle Wahrnehmung	23
Hörbare Geräusche oder Stimmen	17
Gefühl von Frieden und Schmerzfreiheit	32
Lichterscheinungen	14
Lebensrückblick	32
Eintritt in eine andere Welt	32
Begegnung mit anderen Wesenheiten	23
Tunnelerlebnis	9
Vorauswissen	6

Diese Umfrage zeigt, daß Todesnähe-Erlebnisse in unserer Gesellschaft sehr viel häufiger vorkommen, als selbst die TNE-Forscher geglaubt hatten.

Die Komponenten der Todesnähe-Erlebnisse

Wie bereits erwähnt, konnte ich neun Elemente benennen, die das Todesnähe-Erlebnis charakterisieren. Ich kam zu dieser Festlegung, indem ich Hunderte von Menschen befragte und ihre individuellen Todesnähe-Erlebnisse auf diese gemeinsamen Elemente hin überprüfte.

In «Leben nach dem Tod» habe ich geschrieben, ich

hätte noch nie jemanden getroffen, der im Lauf eines Todesnähe-Erlebnisses *alle* diese Elemente kennengelernt hätte. Seitdem habe ich jedoch über tausend Betroffene interviewt und mehrere gefunden, die «komplette» Todesnähe-Erlebnisse mit sämtlichen neun Komponenten durchgemacht haben.

Dennoch ist darauf hinzuweisen, daß nicht alle, die ein Todesnähe-Erlebnis durchmachen, sämtliche im folgenden dargestellten Elemente erleben. Manche erleben eines oder zwei, andere fünf oder sechs. Von einem Todesnähe-Erlebnis sprechen wir dann, wenn eines oder mehrere dieser Merkmale auftreten.

Das Gefühl, tot zu sein

Vielen Menschen wird nicht bewußt, daß das Todesnähe-Erlebnis, das sie durchmachen, etwas mit dem Sterben zu tun hat. Sie schweben über ihrem Körper, betrachten ihn aus einiger Entfernung und fühlen sich auf einmal ängstlich und meist auch verwirrt. Sie fragen sich: «Wie kann ich bloß hier oben sein und mich selber da unten liegen sehen?» Sie verstehen nicht, was vorgeht, und fühlen sich ratlos.

In diesem Augenblick erkennen sie vielleicht den Körper, den sie sehen, noch gar nicht als ihren eigenen.

Ein Mann sagte mir, er sei, während er sich außerhalb seines Körpers befand, durch eine Station eines Militärkrankenhauses gegangen und habe voller Staunen die vielen jungen Männer betrachtet, die ihm von Alter und Figur her ähnlich sahen. Tatsächlich habe er versucht, unter all diesen verschiedenen Körpern seinen eigenen zu finden.

Ein anderer, der durch einen schrecklichen Unfall zwei Gliedmaßen verloren hatte, erinnerte sich, er sei eine ganze Weile über seinem eigenen, auf dem Operationstisch liegenden Körper geschwebt und habe diese verstümmelte Person bedauert, bis er endlich erkannte, daß er selbst da lag!

In diesem Stadium empfinden die Betroffenen meist Furcht, die jedoch bald einem vollkommenen Verstehen des Geschehens Platz macht. Obwohl sie meist keine medizinische Vorbildung haben, erraten sie, was Ärzte und Schwestern einander mitzuteilen versuchen. Wenn die Patienten jedoch versuchen, mit ihnen oder anderen Anwesenden zu reden, kann niemand sie sehen oder hören.

Oft bemühen sich die Betroffenen an diesem Punkt, die Aufmerksamkeit der Anwesenden auf sich zu lenken, indem sie sie berühren. Ihre Hände greifen jedoch durch den Arm der anderen hindurch, als ob da gar nichts wäre.

Diese Erfahrung wurde mir von einer Frau berichtet, die ich selbst wiederbelebt habe. Ich sah, daß sie einen Herzstillstand hatte, und begann sofort mit der Herzmassage. Die Frau berichtete mir später, sie sei, während ich mich bemühte, ihr Herz wieder zum Schlagen zu bringen, über ihrem Körper aufgestiegen und habe hinuntergeblickt. Sie habe hinter mir gestanden und versucht, mir zu sagen, ich solle aufhören, es gehe ihr prächtig da, wo sie jetzt sei. Als ich nicht reagierte, habe sie versucht, mich am Arm zu packen, um mich davon abzuhalten, ihr eine Spritze in die Armvene zu geben. Ihre Hand sei einfach durch meinen Arm hindurchgeglitten. Wie sie mir später sagte, habe sie jedoch das Gefühl gehabt, so etwas wie eine «sehr dünne, elektrisch geladene Gallerte» zu berühren.

Ähnliche Beschreibungen habe ich später auch von anderen Patienten gehört.

Nach den vergeblichen Versuchen der Betroffenen, mit anderen Menschen Kontakt aufzunehmen, bekommen sie oft ein besseres Gefühl für ihre eigene Identität. Eine Frau beschrieb dieses Stadium als «einen Zustand, in dem

Sie nicht die Frau Ihres Mannes, nicht die Mutter Ihrer Kinder, nicht das Kind Ihrer Eltern sind. Sie sind ganz und gar Sie selber.» Eine andere Frau sagte, sie habe so etwas wie «ein Durchtrennen von Schnüren» erlebt, eine Freiheit, wie wenn man die Halteseile eines Fesselballons durchschneidet.

In diesem Augenblick schlägt Angst in seliges Entzükken und in Begreifen um.

Friede und Schmerzlosigkeit

Solange der Patient sich noch in seinem Körper aufhält, hat er oft intensive Schmerzen. Werden «die Schnüre durchtrennt», breitet sich jedoch ein echtes Gefühl von Frieden und Schmerzfreiheit in ihm aus.

Patienten, die einen Herzstillstand erlitten, haben mir gesagt, die starken Schmerzen bei ihrem Herzanfall hätten sich von Qualen zu einer beinahe lebhaften Freude gewandelt. Einige Forscher haben die Hypothese aufgestellt, bei sehr starken Schmerzen schütte das Gehirn eine körpereigene Substanz aus, die Schmerzen ausschaltet. Ich werde in Kapitel 7 auf diese Hypothese eingehen, möchte aber an dieser Stelle schon erwähnen, daß sie bisher noch nicht durch Experimente bewiesen oder widerlegt worden ist. Selbst wenn diese Hypothese zutreffen sollte, vermag sie doch die anderen Symptome des TNE-Phänomens nicht zu erklären.

Das Verlassen des Körpers

Häufig erlebt der Patient in dem Augenblick, wenn der Arzt sagt: «Wir haben ihn (oder sie) verloren», einen radikalen Wechsel der Perspektive. Er spürt, daß er aufsteigt und seinen eigenen Körper von außen betrachtet.

Die meisten Betroffenen sagen, sie seien, als dieser Wechsel eintrat, nicht ein bloßer Bewußtseinspunkt gewesen. Sie schienen sich selbst in diesem außerkörperlichen Zustand noch in einer Art von Körper zu befinden. Ihren Aussagen nach besitzt dieser «spirituelle Körper» eine andere Gestalt als unser physischer Körper. Er hat Arme und auch so etwas wie eine Figur, obgleich die meisten sein Aussehen nicht genau beschreiben können. Manche bezeichnen ihn als eine Farbwolke oder als Energiefeld.

Ein Betroffener, mit dem ich schon vor mehreren Jahren gesprochen habe, sagte mir, er habe sich während dieses «out of body»-(Ausleibigkeits-)Zustands seine Hände genauer angesehen. Sie schienen aus Licht zu bestehen und waren ganz leicht «geädert». Er habe die feinen Spiralwindungen der Fingerkuppen und den Arm hinaufziehende Lichtröhren erkennen können.

Das Tunnelerlebnis

Das Tunnelerlebnis tritt im allgemeinen nach der Loslösung vom Körper ein. Erst nachdem ich mein Buch «Leben nach dem Tod» beendet hatte, erkannte ich, daß den Betroffenen erst nach dem «Durchtrennen der Schnüre» und nach dem Verlassen des Körpers richtig klar wird, daß ihr Erlebnis etwas mit dem Tod zu tun hat.

In diesem Augenblick öffnet sich auf einmal ein Portal oder ein Tunnel vor den «Sterbenden», und sie werden in einen dunklen Raum gesaugt. Sie bewegen sich durch diesen dunklen Raum, bis sie an seinem Ende in ein strahlend helles Licht eintreten.

Manche steigen, anstatt durch einen Tunnel zu gleiten, Treppenstufen hinauf. Eine Frau erzählte mir, sie sei bei ihrem Sohn gewesen, als er an Lungenkrebs starb. Einer seiner letzten Sätze sei gewesen, er sehe eine wunderschöne Wendeltreppe, die nach oben führe. Er gab seiner Mutter den Seelenfrieden zurück, als er ihr sagte, er glaube, er werde diese Treppe hochsteigen.

Einige Betroffene gaben an, sie seien durch schöne, reich verzierte Türen geschritten – ein passendes Symbol für den Übergang in eine andere Seinsebene.

Wenn sie in den Tunnel hineinkommen, hören manche Menschen ein Brausen, andere hören eine Art elektrisches Vibrieren oder ein Rauschen.

Das Tunnelerlebnis habe ich nicht als erster entdeckt. Der niederländische Maler Hieronymus Bosch hat diese Erfahrung im fünfzehnten Jahrhundert in seinem Gemälde «Der Aufstieg in das himmlische Paradies» anschaulich dargestellt. Im Vordergrund sieht man Sterbende, umgeben von Engeln, die versuchen, die Aufmerksamkeit der Menschen nach oben zu lenken. Sie passieren einen dunklen Tunnel und treten ins Licht. Beim Eintreten in die lichterfüllte Welt knien sie ehrfürchtig nieder.

In einem der erstaunlichsten Tunnelerlebnisse, von denen ich je gehört habe, wurde der Tunnel beschrieben als fast unendlich lang und weit und von Licht erfüllt.

Die Beschreibungen unterscheiden sich voneinander, aber der Kern des Geschehens ist überall gleich: der Betroffene bewegt sich durch einen Verbindungsgang auf ein strahlendes Licht zu.

Lichtgestalten

Nach dem Durchgang durch den Tunnel stößt der «Sterbende» meist auf Lichtwesen. Diese Wesen bestehen jedoch nicht aus normalem Licht, sondern scheinen von einem wunderbaren hellen Licht erleuchtet, das alles durchdringt und die Person mit Liebe zu erfüllen scheint. Tatsächlich sagte einer meiner Gewährsleute, der diese Erfahrung gemacht hat: «Ich könnte diesen Glanz ‹Licht› oder auch ‹Liebe› nennen – es liefe auf dasselbe hinaus.» Manche sagen, es sei so, als würde man von einem Schauer aus Licht durchflutet.

Die Menschen, die eine Todesnähe-Erfahrung durchgemacht haben, nennen dieses Licht wesentlich heller als alles, was wir auf der Erde kennen. Trotz seiner gewaltigen Leuchtkraft blendet dieses Licht jedoch nicht die Augen, sondern ist warm, kraftvoll und lebenssprühend.

In dieser Phase treffen die «Sterbenden» häufig verstorbene Freunde und Verwandte. Ihren Berichten zufolge haben diese oft dieselben, schwer zu beschreibenden Körper wie sie selbst.

Neben hellem Licht und lichtdurchstrahlten Freunden und Verwandten erwähnen manche Zeugen auch wunderschöne ländliche Szenen. Eine Frau erzählte mir von einer Wiese, die von Bäumen umsäumt war, von denen jeder von innen heraus leuchtete.

Gelegentlich sehen die Menschen prächtige Lichtstädte von unbeschreiblichem Glanz.

In diesem Stadium geschieht die Verständigung nicht durch Wörter, wie wir sie kennen, sondern auf telepathische, wortlose Weise, die ein un-vermitteltes Sichverstehen ermöglicht.

Das Lichtwesen

Nach dem Zusammentreffen mit mehreren lichtdurchfluteten Wesen begegnet die Person gewöhnlich einem höheren Lichtwesen. Menschen mit christlicher Überzeugung nennen es oft «Gott» oder «Jesus», Angehörige anderer Religionen würden vielleicht von «Buddha» oder «Allah» sprechen. Manche meinten allerdings, es handele sich weder um Gott noch um Jesus, aber dennoch um jemand Hochheiliges.

Wer immer es auch sein mag, dieses Wesen strahlt grenzenlose Liebe und Verständnis aus – so sehr, daß die meisten immer in seiner Nähe bleiben möchten.

Aber das ist ihnen verwehrt. Denn nun wird ihnen, zumeist vom Lichtwesen, gesagt, sie müßten zu ihrem irdischen Körper zurückkehren. Doch vorher will es ihnen erst noch einen Lebensrückblick vorführen.

Der Lebensrückblick

Wenn die Betroffenen den Lebensrückblick vorgeführt bekommen, nehmen sie keine äußere Umgebung mehr wahr. An ihre Stelle tritt ein farbiges, dreidimensionales Panorama all dessen, was sie in ihrem Leben je getan haben.

In dieser Rückschau sieht die Person sich selbst von außen. Der Vorgang ist unabhängig von Zeit, wie wir sie kennen. Die genaueste Beschreibung, die ich je davon bekommen habe, lautet: Eines Menschen ganzes Leben ist da im Nu.

Man sieht bei diesem Lebenspanorama nicht nur jede einzelne Handlung, die man im Leben je ausgeführt hat, sondern nimmt auch unmittelbar die Folgen wahr, die jede Handlung auf die Beteiligten hat.

Wenn ich zum Beispiel sehe, daß ich mich lieblos verhalte, dann nehme ich sofort das Bewußtsein des Menschen an, den ich lieblos behandelt habe, und fühle seine Traurigkeit, seine Kränkung und seinen Schmerz.

Umgekehrt werde ich auch bei liebevollen Handlungen sofort in den anderen Menschen hineinversetzt und kann seine Empfindungen von Glück und Freude spüren.

Während der Rückschau bleibt das Lichtwesen bei den Betroffenen und fragt sie, was sie in ihrem Leben Gutes getan hätten. Es geleitet sie durch die Lebensrückschau und hilft ihnen, alle Ereignisse ihres Lebens in einen größeren Zusammenhang einzuordnen.

Dies führt bei allen Menschen, die diese Erfahrung gemacht haben, zu der Erkenntnis, das Wichtigste in ihrem Leben sei die Liebe.

Die meisten glauben, am zweitwichtigsten sei der Erwerb von Wissen. Wenn sie Szenen aus ihrem Leben sehen, in denen sie etwas gelernt haben, weist das Lichtwesen darauf hin, daß Wissen etwas sei, das sie im Tod mit sich nehmen könnten. Das andere sei Liebe.

Wenn diese Menschen aus ihrem Todesnähe-Erlebnis zurückkommen, haben sie einen großen Wissensdurst. Oft werden sie begierige Leser, selbst wenn sie Bücher zuvor gar nicht mochten, oder sie fangen eine zusätzliche Ausbildung an.

Rascher Aufstieg zum Himmel

Ich muß darauf hinweisen, daß nicht alle, die ein Todesnähe-Erlebnis durchmachen, durch einen Tunnel gleiten. Manche berichten von einem Gefühl des «Schwebens», das sie rasch zum Himmel aufsteigen und die Welt aus einer sonst nur Satelliten und Astronauten vorbehaltenen Perspektive sehen läßt.

Der Tiefenpsychologe C. G. Jung hatte, als er 1944 einen Herzinfarkt erlitt, ein solches Erlebnis. Er habe gespürt, heißt es bei ihm, wie er schnell aufgestiegen sei zu einem Punkt weit oberhalb der Erde.

Ein Kind sagte mir in einem Gespräch, es habe gefühlt, wie es hoch über die Erde aufgestiegen, zwischen den Sternen hindurchgeflogen und oben bei den Engeln angelangt sei. Ein anderer erzählte mir, er sei wie eine Rakete emporgeschossen, bis er die Planeten um sich herum sah und unter sich die Erde wie eine blaue Glasmurmel.

Widerwillige Rückkehr

Für viele Menschen ist die Todesnähe-Erfahrung so schön, daß sie nicht mehr zurückkehren wollen. Dementsprechend nehmen sie es ihren Ärzten häufig übel, daß sie sie zurückholen.

Zwei Ärzte, mit denen ich befreundet bin, entdeckten die Existenz von Todesnähe-Erlebnissen, als wiederbelebte Patienten ihnen gegenüber Verärgerung zeigten.

Einer dieser Ärzte holte einen Kollegen, der einen Herzstillstand gehabt hatte, ins Leben zurück. Als der leidgeprüfte Kranke erwachte, sagte er wütend: «Carl! Das darfst du mir nie wieder antun!»

Carl konnte sich nicht erklären, was diesen Patienten so verärgert hatte. Nach seiner Genesung nahm der Mann, der wiederbelebt worden war, ihn jedoch beiseite, entschuldigte sich für sein Verhalten und erklärte ihm, was er erlebt hatte. «Ich war wütend, weil du mich nicht ins Leben, sondern in den Tod zurückgeholt hast.»

Ein anderer mit mir befreundeter Arzt entdeckte das Todesnähe-Phänomen, als ein von ihm wiederbelebter Mann ihn anschrie, warum er ihn von «diesem wunderschönen und lichten Ort» fortgerissen habe.

Menschen, die nach Sterbeerlebnissen wieder ins Leben zurückkehren, verhalten sich häufig so, aber ihre Enttäuschung hält nicht lange an. Meist sind sie schon eine Woche später froh, daß sie zurückgekehrt sind. Obwohl sie den Zustand seliger Freude vermissen, sind sie doch dankbar, daß sie weiterleben dürfen.

Es ist interessant, daß viele Betroffene glauben, sie hätten frei wählen können, ob sie in jener jenseitigen Welt bleiben oder in das irdische Leben zurückkehren wollten. Manchmal stellt sie das Lichtwesen, manchmal ein verstorbener Verwandter vor diese Entscheidung.

Alle Menschen, mit denen ich gesprochen habe, wären gern in jener anderen Welt geblieben, wenn sie nur an sich selbst zu denken gehabt hätten. Normalerweise sagen sie jedoch, daß sie zurückkehren wollen, weil sie Kinder großzuziehen haben oder weil sie ihren Ehegatten oder ihren Eltern fehlen würden.

Eine Frau aus Los Angeles wurde schon zweimal in ihrem Leben von dem Lichtwesen vor diese Entscheidung gestellt. Ende der fünfziger Jahre, als sie nach einem Autounfall im Koma lag, sagte ihr das Lichtwesen, es sei jetzt Zeit für sie zu sterben und in den Himmel zu kommen.

Die Frau wandte ein, sie sei zum Sterben noch viel zu jung. Das Lichtwesen ließ sich nicht erweichen, bis die Frau sagte: «Ich bin noch so jung, ich habe noch lange nicht genug getanzt!»

Da lachte das Lichtwesen herzhaft und erlaubte ihr weiterzuleben.

Ungefähr dreißig Jahre später erlitt sie während eines kleineren chirurgischen Eingriffs einen Herzstillstand. Wieder passierte sie den Tunnel und trat vor das Lichtwesen, und wieder sagte es ihr, es sei nun Zeit zu sterben.

Diese Mal vertrat die Frau den Standpunkt, sie habe Kinder zu erziehen, die noch nicht alt genug seien, um ohne sie auskommen zu können.

«Okay», sagte das Wesen. «Aber das ist das letzte Mal! Das nächste Mal mußt du hierbleiben.»

Verändertes Zeit- und Raumempfinden

Neben diesen neun Elementen bezeugen die aus Todesnähe-Erlebnissen Zurückgekehrten, daß in diesem Zustand die Zeit stark gerafft sei und keineswegs der Zeit entspreche, die wir von unseren Uhren ablesen. Die Zurückgekehrten haben ihr Erlebnis als «Aufenthalt in der Ewigkeit» beschrieben. Auf die Frage, wie lange ihre Todesnähe-Erfahrung gedauert habe, antwortete mir eine Frau: «Man könnte sagen, es hat eine Sekunde gedauert – oder zehntausend Jahre. Beides wäre gleich wahr.»

Die räumlichen Beschränkungen, denen wir im Alltag unterworfen sind, werden in Todesnähe-Erlebnissen oft durchbrochen. Wollen die Betroffenen während des Erlebnisses irgendwo anders hingehen, können sie sich meist einfach «hindenken». Wie sie bezeugen, konnten sie sich – während sie im außerkörperlichen Zustand verweilten und zusahen, wie die Ärzte im Operationssaal arbeiteten – einfach ins Wartezimmer «hinauswünschen», um ihre Verwandten zu sehen.

Solche Erfahrungen sind vielleicht das beste Argument gegenüber denjenigen, die Todesnähe-Erlebnisse als eine Selbsttäuschung des Gehirns betrachten. Natürlich wäre es, oberflächlich gesehen, denkbar, daß das Gehirn in großer Bedrängnis versucht, sich selbst zu beruhigen, indem es Tunnelerlebnisse und Lichtwesen halluziniert. Daß die Betroffenen nach ihrer Sterbeerfahrung jedoch angeben können, was zur gleichen Zeit in anderen Räumen oder an anderen Orten passiert ist, zeigt, daß sie sich tatsächlich außerhalb ihres Körpers befanden.

Mir liegen mehrere Berichte von Menschen vor, die während der Reanimationsbemühungen ein «out of body»-(Ausleibigkeits-)Erlebnis hatten, bei dem sie den Operationssaal verließen, um nach ihren Verwandten in anderen Teilen des Krankenhauses Ausschau zu halten.

Eine Frau, die ihren Körper verließ, begab sich ins Wartezimmer und sah, daß ihre kleine Tochter Kleidungsstücke anhatte, deren Musterung nicht zusammenpaßte.

Der Grund war: das Kindermädchen hatte sich in der Eile einfach die erstbesten Stücke aus dem Schrank gegriffen, der Kleinen übergestreift und war mit ihr ins Krankenhaus geeilt.

Als die Frau später ihren Angehörigen von ihrem Erlebnis erzählte und erwähnte, sie habe ihre Tochter in diesem seltsamen Aufzug gesehen, war allen klar, daß die Todkranke im Wartezimmer bei ihnen gewesen sein mußte.

Eine andere Frau, die ein Ausleibigkeitserlebnis hatte, verließ den Raum, in dem ihr Körper wiederbelebt wurde, und sah ihren Schwager in der Eingangshalle des Krankenhauses. Jemand, den er beruflich kannte, begrüßte ihn und fragte, was er hier tue.

«Eigentlich hätte ich jetzt auf Reisen sein müssen», antwortete der Schwager. «Aber es sieht so aus, als würde es mit Jane zu Ende gehen, deshalb bleibe ich lieber hier und halte mich als Sargträger bereit.»

Ein paar Tage später, als die Frau auf dem Wege der Besserung war, kam ihr Schwager sie besuchen. Sie erzählte ihm, sie habe sein Gespräch mit dem Bekannten miterlebt, und beseitigte jeden Zweifel daran mit den Worten: «Das nächste Mal, wenn ich sterbe, fährst du aber auf Geschäftsreise, denn mir kann es gar nicht besser gehen!» Der Schwager wurde so blaß, daß sie schon fürchtete, er würde gleich selbst ein Todesnähe-Erlebnis haben.

Ein anderes Ausleibigkeitserlebnis wurde mir von einer älteren Frau berichtet, die ich selbst reanimiert habe. Ich begann auf dem Untersuchungstisch der Notaufnahme mit der Herzmassage, während die mir assistierende Schwester schnell ins Nebenzimmer lief, um eine dringend benötigte Ampulle zu holen.

Um den Ampullenhals abzubrechen, ohne sich zu schneiden, mußte man die Ampulle in ein Papiertaschentuch wickeln. Als die Schwester zurückkam, hatte sie die Spitze bereits abgebrochen, so daß ich die Medizin sofort verwenden konnte.

Als die alte Frau wieder zu sich kam, sah sie die Schwester sanft an und sagte: «Schätzchen, ich habe gesehen, was Sie im Nebenraum gemacht haben. Sie werden sich noch schneiden, wenn Sie das weiter so machen!» Die Schwester fiel aus allen Wolken. Sie gab zu, daß sie aus Zeitnot die Glasspitze der Ampulle mit bloßen Fingern abgebrochen hatte.

Da berichtete uns die Patientin, sie sei – während wir um ihre Reanimation kämpften – der Schwester ins Nebenzimmer gefolgt, um zu sehen, was sie da machte.

Untersuchungsergebnisse: Wie viele Menschen waren dem Tod wie nahe?

Wie schon erwähnt, ermittelte das Meinungsforschungsinstitut Gallup in einer 1982 durchgeführten Umfrage, daß acht Millionen erwachsene Amerikaner ein Todesnähe-Erlebnis gehabt haben. Das heißt, praktisch jeder zwanzigste Amerikaner hat schon einmal an der Schwelle des Todes gestanden. Da konnte es nicht so schwierig sein, entsprechende Fälle für wissenschaftliche Untersuchungen ausfindig zu machen. Viele Sterbeforscher waren sogar schon an die Arbeit gegangen, bevor Gallup in Amerika seine Erhebung anstellte, was in der Bevölkerung über ein Weiterleben nach dem Tod gedacht werde.

In einer Untersuchung, die sinnigerweise «The Evergreen Study» heißt, konnten die Todesnähe-Erfahrungen von 49 Personen im Nordwesten der USA erfaßt werden.

Diese Menschen wurden von den Forschern James Lindley, Sethyn Bryan und Bob Conley vom Evergreen State College in Olympia im Staate Washington mit einem standardisierten Fragebogen untersucht. Als erstes sollten die Betroffenen über ihre Begegnung mit dem Tod berichten, ohne daß sie unterbrochen wurden. Wenn sie mit ihrer Erzählung zu Ende waren, wurde ihnen eine Reihe standardisierter Fragen vorgelegt.

Die Fragen orientierten sich an dem Fragebogen, den Kenneth Ring, ein in Connecticut arbeitender Psychologe, aufgestellt hat. Kenneth Ring hat die Todesnähe-Erfahrungen von Dutzenden von Menschen untersucht und die Ergebnisse in seinem ausgezeichneten Buch «Den Tod erfahren – das Leben gewinnen»* veröffentlicht. Seine Vorgehensweise bei der Befragung gilt inzwischen als *die* anerkannte Methode, um herauszufinden, ob jemand tatsächlich eine Todesnähe-Erfahrung durchgemacht hat. Seine Fragen sind zunächst recht neutral, werden aber im Lauf des Interviews, auf taktvolle Weise, immer spezifischer und persönlicher. Die Verfasser der Evergreen-Studie benutzten dieselben Fragen, um ihre Ergebnisse mit denen von Kenneth Ring vergleichen zu können.

1. Ist diese Art von Erfahrung schwer in Worte zu fassen? (Wenn ja:) Bitte versuchen Sie mir trotzdem zu erklären, warum. Was an dieser Erfahrung macht es so schwer, darüber zu sprechen? Erschien sie Ihnen wie ein Traum oder anders?

2. Glaubten Sie, als diese Ereignisse eintraten, Sie würden sterben oder wären dem Tod nahe? Glaubten Sie, tot zu sein? Hörten Sie jemanden ausdrücklich sagen, sie seien tot? Was haben Sie Ihrer Erinnerung nach sonst noch in diesem Zustand gehört?

3. Was für Gefühle und Sinneswahrnehmungen hatten Sie während dieser Vorgänge?

4. Hörten Sie während dieser Vorgänge irgendwelche Geräusche oder ungewöhnliche Klänge?

5. Hatten Sie während dieses Erlebnisses jemals das Gefühl, sich zu bewegen oder Ihren Standort zu verändern? Was für ein Gefühl war das? (Falls zutreffend:) War dieses Gefühl in irgendeiner Weise mit dem zuvor beschriebenen Geräusch oder Klang verknüpft?

6. Hatten Sie während dieses Erlebnisses zu irgendeiner Zeit das Gefühl, in irgendeiner Weise von Ihrem Körper getrennt zu sein? War Ihnen währenddessen je bewußt, daß Sie Ihren eigenen physischen Körper sehen konnten? (Stellen Sie erst die eine und danach dann die andere Frage. Wenn zweckmäßig, fragen Sie dann:) Kön-

---

* Kenneth Ring: Den Tod erfahren – das Leben gewinnen. Erkenntnisse und Erfahrungen von Menschen, die an der Schwelle zum Tod gestanden und überlebt haben. Deutsch von Charlotte Franke. München und Bern: Scherz Verlag 1985. Als Bastei-Taschenbuch Nr. 60233 im Bastei-Verlag Gustav H. Lübbe in Bergisch-Gladbach 1988 erschienen.

nen Sie mir diese Erfahrung beschreiben? Wie fühlten Sie sich, als Sie in diesem Zustand waren? Wo waren Sie, als Sie sich außerhalb Ihres physischen Körpers befanden? Hatten Sie einen anderen Körper? (Wenn ja:) Gab es irgendeine Verbindung zwischen Ihnen und Ihrem physischen Körper? Irgendein Bindeglied, das Sie sehen konnten? Bitte schildern Sie mir das genau. Wie war Ihre Zeitwahrnehmung, als Sie sich in diesem Zustand befanden? Wie haben Sie den Raum wahrgenommen? Wie Ihr Gewicht? Konnten Sie in diesem Zustand irgend etwas tun, was Sie in Ihrem normalen physischen Körper nicht tun können? Kamen Ihnen Geschmacks- oder Geruchsempfindungen zu Bewußtsein? Wie gut, falls überhaupt, konnten Sie sehen und hören in diesem Zustand? Haben Sie sich in diesem Zustand einsam gefühlt? Wieso?

7. Sind Sie während dieses Erlebnisses je mit anderen – lebenden oder toten – Individuen zusammengetroffen? (Wenn ja:) Wer waren sie? Was geschah, als Sie sie trafen? Haben sie mit Ihnen Verbindung aufgenommen? Wie? Was haben sie Ihnen mitgeteilt? Was glauben Sie, warum sie Ihnen das mitgeteilt haben? Wie haben Sie sich in ihrer Gegenwart gefühlt?

8. Haben Sie zu irgendeiner Zeit ein Licht, ein Glühen oder ein Leuchten wahrgenommen? Können Sie mir das genauer beschreiben? (Wenn ja:) Hat dieses «Licht» Ihnen etwas mitgeteilt? Was? Wofür haben Sie dieses Licht gehalten? Wie haben Sie sich gefühlt? (Oder was für Gefühle hat es in Ihnen wachgerufen?) Sind Sie religiösen Gestalten, wie etwa Engeln, Schutzgeistern, Christus oder anderen, begegnet? Sind Sie schreckenerregenden Geistern, wie etwa Dämonen, Hexen oder dem Teufel, begegnet?

9. Ist während dieser Vorgänge Ihr Leben oder sind Szenen aus Ihrem Leben in Form von geistigen Bildern oder Erinnerungen an Ihnen vorbeigezogen? (Wenn ja:) Können Sie mir das genauer beschreiben? Was war das für ein Erlebnis? Wie haben Sie sich dabei gefühlt? Haben Sie das Gefühl, aus diesen Erinnerungsbildern etwas gelernt zu haben? Wenn ja, was?

10. Haben Sie je das Gefühl gehabt, sich einer Schranke, Grenze, Schwelle oder einem Punkt zu nähern, von dem eine Rückkehr nicht mehr möglich war? (Wenn ja:) Können Sie mir das beschreiben? Können Sie sich erinnern, bei der Annäherung an diese Schranke besondere Gedanken und Gefühle gehabt zu haben? Haben Sie eine Ahnung, was diese Schranke darstellte oder bedeutete?

11. (Falls der Patient zuvor angegeben hat, dem Tod nahegewesen zu sein, fragen Sie:) Wie haben Sie sich gefühlt, als Sie dem Tod nahegekommen waren? Wollten Sie in Ihren Körper, in das Leben

zurückkehren? Was war das für ein Gefühl, als Sie sich tatsächlich wieder bei Bewußtsein in Ihrem Körper wiedergefunden haben? Haben Sie eine Erinnerung daran, wie Sie in Ihren leiblichen Körper zurückgekommen sind? Haben Sie irgendeinen Anhaltspunkt, warum Sie dieses Mal noch nicht gestorben sind? Hätten Sie je das Gefühl, von einer unpersönlichen Macht gerichtet zu werden?

12. Ihr Erlebnis liegt noch nicht lange zurück, trotzdem möchte ich gern wissen, ob es Sie in irgendeiner Weise verändert hat. Was ist Ihre Meinung: ja oder nein? Falls es Sie verändert hat, dann in welcher Weise? (Wenn nötig und angemessen, fragen Sie:) Hat dieses Erlebnis Ihre Lebenseinstellung verändert? Wie? Hat es Ihre religiösen Ansichten verändert? Wenn ja, in welcher Weise? Haben Sie, verglichen mit Ihrer Einstellung vor diesem Erlebnis, heute mehr oder weniger Angst vor dem Tod, oder hat sich da nichts geändert? (Wenn angemessen:) Haben Sie überhaupt Angst vor dem Tod? (Falls der Patient versucht hat, sich selbst zu töten, fragen Sie:) Wie hat dieses Erlebnis Ihre Einstellung zum Selbstmord verändert? Wie wahrscheinlich ist es, daß Sie noch einmal einen solchen Schritt tun? (Diese Frage ist mit dem nötigen Takt zu stellen.)

13. (Hat der Patient angegeben, daß er oder sie dem Tod nahe war, dann fragen Sie, falls dieser Punkt in Frage 12 noch nicht genügend angesprochen wurde:) Können Sie mir als jemand, der dicht vor dem Tod gestanden hat, mit Ihren eigenen Worten sagen, was Sie jetzt unter dem Tod verstehen? Was bedeutet der Tod heute für Sie?

14. Möchten Sie über Ihr Erlebnis oder seine Auswirkungen auf Sie noch irgend etwas sagen?

Da die Forscher der Evergreen-Studie dieselben Fragen verwendeten wie Kenneth Ring, konnten sie ihre Ergebnisse mit den Daten seiner umfassenderen Untersuchung vergleichen.

Anstelle der von mir oben dargestellten neun spezifischen Elemente teilten die Forscher der Evergreen-Studie das Todesnähe-Erlebnis (TNE) in fünf grobe Stufen ein: Frieden, Trennung vom Körper, Dunkelheit, Licht, Innere Welt.

In der Evergreen-Studie erlebten 74,5 Prozent der Befragten während der Todesnähe ein Gefühl inneren Friedens, während es in Rings Untersuchung 60 Prozent waren. Den Forschern der Evergreen-Studie wurde es fast zuviel, Berichte über dieses Stadium anzuhören, weil die meisten Befragten ständig von dem seligen Frieden und der Wärme anfingen, die sie in diesem Zustand erlebt hätten.

Die Trennung vom Körper erlebten 70,9 Prozent der Befragten in der Evergreen- und 37 Prozent der Befragten der Ring-Studie. Dunkelheit, eine andere Benennung für das Tunnelerlebnis, trat in 38,2 Prozent der Todesnähe-Erlebnisse der Evergreen-Studie und in 23 Prozent der TNE-Berichte der Ring-Untersuchung auf. Von Licht oder Lichtwesen berichteten 56,4 Prozent der Betroffenen in der Evergreen- und 16 Prozent der Betroffenen in der Ring-Studie.

Eine «Innere Welt» – viele sprachen auch vom Paradies –, erwähnten 34,5 Prozent der Befragten der Evergreen-Studie und 10 Prozent der von Kenneth Ring Befragten.

Insgesamt sind die Evergreen-Forscher nur auf ein einziges «Höllenerlebnis» gestoßen. Darunter verstehen sie eine Todesnähe-Erfahrung, in der der Betroffene extreme Angst, Panik und Wut und möglicherweise auch Visionen von dämonischen Geschöpfen erlebt. Der Mann mit diesem Todesnähe-Erlebnis berichtete, er sei während des zweiten von drei Todesnähe-Erlebnissen aus Versehen in die Hölle geführt worden. Das mit ihm geführte Gespräch ist erhellend und unterhaltsam:

Befragter: Das zweite Erlebnis verlief anders, ich stieg abwärts! Unten war es finster, die Menschen jammerten, [da war] ein Feuer, sie wollten Wasser zu trinken... Dann kam jemand zu mir, schob mich zur Seite und sagte: «Du kommst nicht hierher. Du gehst wieder hoch.»

Interviewer: Wurden wirklich diese Worte gebraucht?

Befragter: Ja. «Du gehst wieder hoch. Wir können dich hier unten nicht brauchen, weil du nicht böse genug bist.»

Interviewer: Haben Sie zuerst die Dunkelheit wahrgenommen und dann...
Befragter: Pechfinster. Erst gingen wir runter... Es war pechfinster.
Interviewer: Sind Sie einen Tunnel hinabgestiegen?
Befragter: Es war kein Tunnel, es war größer als ein Tunnel, ein Riesending. Ich schwebte hinunter... Ein Mann stand da und wartete, der sagte: «Der ist es nicht.»
Interviewer: Konnten Sie die Schreienden sehen?
Befragter: Ich habe da unten eine Menge Leute gesehen, die kreischten und heulten...
Interviewer: Waren sie auch angezogen?
Befragter: Nein, nein. Sie hatten keine Kleider an.
Interviewer: Sie waren nackt?
Befragter: Ja.
Interviewer: Und wie viele waren es, was schätzen Sie?
Befragter: Herrgott, das kann man nicht zählen.
Interviewer: Tausende?
Befragter: Ich glaube eher, so an eine Million.
Interviewer: Tatsächlich? Und Sie waren alle verzweifelt?
Befragter: Sie waren verzweifelt und voller Haß. Sie baten mich um Wasser. Sie hatten kein Wasser.
Interviewer: Und es war jemand da, der sie beaufsichtigte?
Befragter: Ja, da war jemand. Er hatte Hörner.
Interviewer: Er hatte Hörner! Was... was glauben Sie, wer... Haben Sie gesehen, wer das war?
Befragter: Natürlich. Ich würde ihn überall erkennen.
Interviewer: Wer war das?
Befragter: Der Teufel.

Erlebnisse wie dieses sind selten. Die Evergreen-Forscher durchforsteten ihre, meine und Kenneth Rings Ergebnisse und fanden heraus, daß nur 0,3 Prozent aller Befragten ihr Todesnähe-Erlebnis als «höllenhaft» beschrieben.

Nicht so selten kommt es vor, daß Todesnähe-Erlebnisse denjenigen, der sie durchlebt hat, verändern. Sterbeerfahrungen geben so tiefgehende Veränderungsanstöße, daß viele Menschen sich einer Therapie unterziehen müssen, um sich darüber klarzuwerden, wie sie sie in ihr Leben einbauen können.

Insgesamt verändern Todesnähe-Erfahrungen die Person zum Positiven. Doch selbst eine positive Veränderung kann schwer zu bewältigen sein, und sei es auch nur, weil sie plötzlich eintritt. Dazu kommen die emotionalen Auswirkungen der Erfahrung, eine bessere Welt gesehen zu haben, aber in dieser hier leben zu müssen.

Eines der vielleicht besten Beispiele für die Auswirkungen eines Todesnähe-Erlebnisses stammt von der Schriftstellerin Katherine Anne Porter. Sie kam 1918, bei einer lebensbedrohlichen Grippe-Infektion, dem Tod nahe. In einem Interview sagte die Autorin des Romans «Das Narrenschiff»: «Ich hatte meine himmlische Vision, und danach fand ich die Welt öde. Noch Jahre danach erschien mir die Welt nicht mehr lebenswert. Aber man hat ja einen Glauben, ein inneres Kraftzentrum, wo immer es herkommt, wahrscheinlich hat man es geerbt. Zeit meines Lebens gab es jeden Tag Augenblicke, in denen ich mir intensiv den Tod wünschte, und dann wieder spürte ich einen solchen Lebenshunger, daß ich den nächsten Tag kaum erwarten konnte. Wäre ich nicht so zäh wie ein Straßenköter, es gäbe mich heute nicht mehr.»

Der Vorausblick

Manchen Menschen erlaubt das Todesnähe-Erlebnis einen Blick in die Zukunft. Das geschieht allerdings nur bei einem so geringen Prozentsatz der Fälle, daß ich es ungern unter die Elemente des Todesnähe-Erlebnisses einreihen möchte. Aber es kommt immer wieder vor.

Ich selbst kam diesem Phänomen per Zufall auf die Spur, und zwar 1975, mehrere Monate vor der Veröffentlichung von «Leben nach dem Tod». Es war Halloween,* und Louise, meine damalige Frau, ging mit den Kindern in ihren Kostümen in der Nachbarschaft von Haus zu Haus.

In einem Haus empfing sie ein Ehepaar sehr liebenswürdig und begann mit den Kindern ein Gespräch. Sie fragten die Kinder nach ihren Namen, und als mein Ältester «Raymond Avery Moody, der Dritte» sagte, blickte die Frau überrascht. «Ich muß mit Ihrem Mann sprechen», sagte sie zu Louise.

Als ich später mit dieser Frau sprach, erzählte sie mir von ihrem Todesnähe-Erlebnis, das sie 1971 gehabt hatte. Während einer Operation waren bei ihr Herzversagen und Lungenkollaps eingetreten, die Frau war lange Zeit klinisch tot gewesen. In diesem Zeitraum traf sie in einem Todesnähe-Erlebnis auf einen Führer, der ihr einen Lebensrückblick vorführte und ihr Auskunft über ihre Zukunft gab. Gegen Ende wurde ihr ein Bild von mir gezeigt, mein voller Name genannt und der Hinweis gegeben, «wenn die Zeit reif sei», würde sie mir ihre Geschichte erzählen.

Ich fand diese Begegnung erstaunlich. Manche der blitzartigen Vorausblicke in die Zukunft, die Kenneth Ring in seinen Untersuchungen entdeckte, sind jedoch noch weit erstaunlicher.

Obwohl Rings Stichprobe zu klein ist, um eine statistische Auswertung zu erlauben, stieß er durch die Zusammenarbeit mit anderen TNE-Forschern auf mehrere Beispiele dieses Phänomens. In diesen Fällen haben die Betroffenen, meist während eines ausgedehnten Todesnähe-Erlebnisses, eine Vision der Zukunft. Manchmal be-

* Halloween, der Abend vor Allerheiligen, wird in Amerika am 31. Oktober mit Verkleidungen und Maskierungen vor allem der Kinder gefeiert. (Anm. d. Übers.)

hält die Person diese Informationen unmittelbar nach dem Todesnähe-Erlebnis noch im Bewußtsein. In anderen Fällen melden sie sich später wieder, begleitet von einem starken Déjà vu-Erlebnis, wobei man etwas gegenwärtig Erlebtes schon einmal erlebt zu haben überzeugt ist.

Als ein Beispiel für einen solchen Vorausblick zitiert Ring einen Mann, der heute in den Vereinigten Staaten lebt, aber in England geboren und erzogen wurde. Als Zehnjähriger hatte er während einer Notoperation wegen eines Blinddarmdurchbruchs ein Todesnähe-Erlebnis. In einem Brief an Dr. Ring schrieb dieser Mann: «Nach der Operation, als ich mich wieder erholte, war mir bewußt, daß ich – so merkwürdig es klingen mag – Erinnerungen an zukünftige Ereignisse meines Lebens hatte. Ich weiß nicht, woher ich sie hatte... sie waren einfach da... Allerdings habe ich sie damals (1941) und eigentlich bis 1968 einfach nicht glauben wollen.»

Anschließend schildert der Briefschreiber fünf genaue «Erinnerungen» einschließlich des Zeitpunkts und der Umstände seines Todes, die ich hier nicht wiedergeben möchte. Hier seine ersten beiden «Erinnerungen»:

«1. Du wirst mit 28 Jahren heiraten.

Dieses war die erste Erinnerung. Ich nahm sie als sachliche Zeitangabe auf, ohne Gefühlsbeteiligung... Diese Vorhersage ist tatsächlich eingetroffen, obwohl ich meine spätere Frau bis zu meinem 28. Geburtstag noch nicht kennengelernt hatte.

2. Du wirst zwei Kinder haben und hier in diesem Haus wohnen.

Anders als bei der ersten Vorhersage fühlte ich diese Worte, oder vielleicht sollte ich lieber sagen: ich «erlebte» sie. Ich hatte eine lebhafte Erinnerung daran, in einem Sessel zu sitzen und zwei Kinder auf dem Boden vor mir spielen zu sehen. Außerdem wußte ich, daß ich verheiratet war, obwohl diese Vision keinen Hinweis auf die Person meiner Frau enthielt. Nun wissen Eheleute ja, was es heißt, verheiratet zu sein. Als Lediger, vor allem als zehnjähriger Junge, kann man aber überhaupt nicht wissen, wie das ist. Von daher hatte ich ein eigenartiges, wirklich merkwürdiges Gefühl, an das ich mich noch sehr klar erinnern kann, und deswegen ist mir der Vorfall bis heute im Gedächtnis geblieben. Ich erinnerte mich an etwas, das erst fünfundzwanzig Jahre später eintreten sollte! Es war nicht so, daß ich die Zukunft vor mir gesehen hätte, wie man so sagt, sondern ich erlebte sie. In diesem Erlebnis war die Zukunft Jetzt.

In diesem ‹Erlebnis› schaute ich genau geradeaus und nach rechts, wie angegeben. Links konnte ich nichts sehen, aber ich wußte trotzdem, daß dort die Frau saß, mit der ich verheiratet war. Die auf dem Boden spielenden Kinder waren ungefähr vier und drei Jahre alt, das ältere hatte dunkles Haar und war ein Mädchen, das jüngere hatte helles Haar und war ein Junge. In Wirklichkeit sind beides Mädchen. Ich wußte auch, daß hinter der Wand... etwas sehr Eigenartiges war, was ich überhaupt nicht verstand. Mein bewußter Geist konnte es nicht erfassen, aber ich wußte, daß dort irgend etwas war.

Diese ‹Erinnerung› war mir im Jahr 1968 auf einmal wieder präsent, als ich in einem Sessel saß, ein Buch las und zufällig zu den Kindern hinübersah... Da wurde mir klar, daß dies das ‹Erinnerungsbild› von 1941 war. Danach erkannte ich allmählich, daß an diesen seltsamen Erinnerungsbildern tatsächlich etwas dran war. Und das merkwürdige Ding hinter der Wand war der Ventilator der Warmluftheizung. Die war damals – und ist meines Wissens bis heute – in England nicht gebräuchlich. Deshalb konnte ich nicht erkennen, was das war. So ein Gerät hatte ich damals noch nicht zu Gesicht bekommen.»

Da die Wissenschaft schon Schwierigkeiten hat, eine Erklärung für Todesnähe-Erfahrungen zu finden, steht sie solchen Vorausblicken um so ratloser gegenüber. Auf einer höchst spekulativen Ebene versucht Kenneth Ring, diese Phänomene durch die Annahme einer vierten Dimension zu erklären. Er meint, vielleicht könnten die von einem Todesnähe-Erlebnis Betroffenen ihr Leben wie eine Bergkette unter sich liegen sehen, manchmal von der Geburt bis zum «Tod». Sie können es, so Ring, nicht ändern, sondern bloß «überschauen».

Kapitel 2

Lebenseinschnitte: Die verwandelnde Kraft von Todesnähe-Erlebnissen

Alle Todesnähe-Erlebnisse haben eines gemeinsam: Sie verwandeln den Menschen, der sie durchlebt. Während meiner zwanzigjährigen intensiven Beschäftigung mit Todesnähe-Erlebnissen ist mir noch niemand begegnet, den dieses Erlebnis nicht tiefgehend und zum Positiven hin verändert hätte.

Damit ist nicht gesagt, daß die aus einem Sterbeerlebnis Zurückgekehrten die Welt fortan durch eine rosa Brille sähen. Aber sie sind nachher nicht nur lebensbejahendere und angenehmere Zeitgenossen (vor allem, wenn sie es vorher nicht waren), sondern engagieren sich auch aktiv in der realen Welt. Das Todesnähe-Erlebnis hilft ihnen, mit den unangenehmen Seiten der Realität sachlich und klar denkend umzugehen – was für sie etwas Neues ist.

Alle mit diesem Thema beschäftigten Forscher und Kliniker, mit denen ich gesprochen habe, kommen nach den Interviews mit Betroffenen zu dem gleichen Schluß: Wer durch ein Todesnähe-Erlebnis gegangen ist, kehrt als besserer Mensch zurück.

Todesnähe-Erlebnisse zählen zwar zu den «Krisenereignissen» oder «Grenzsituationen», wie man in der Psychologie sagt, haben aber nicht die nachteiligen Folgen, wie man sie bei derartigen Ereignissen sonst beobachten kann. Ein schlimmes Kriegserlebnis etwa kann dazu führen, daß jemand in einer bestimmten Zeit «steckenbleibt». So durchleben viele Vietnam-Heimkehrer immer wieder die grauenvollen Szenen von Tod und Zerstörung, die sie vor Jahren während ihrer Kampfeinsätze gesehen haben. Ihre Halluzinationen gehen so weit, daß sie das Schießpulver riechen und die tropische Hitze spüren. Das wäre ein Beispiel für eine negative Reaktion auf ein Krisenereignis.

Auch andere traumatische Ereignisse wie Flut- und Brandkatastrophen, Wirbelstürme oder Autounfälle können Menschen so erschüttern, daß sie nicht mehr davon loskommen. Auch bei solchen Ereignissen können Menschen gefühlsmäßig an das Geschehen gefesselt bleiben.

Die Todesnähe ist ebenso eine Krisenerfahrung wie die Gefechtssituation, ein schwerer Autounfall oder eine Naturkatastrophe. Tatsächlich treten als Folge solcher Ereignisse oft Todesnähe-Erfahrungen auf. Anstatt emotional darin zu verharren, reagieren die Betroffenen auf TNE ganz entschieden in *einem* Sinne. Das Erlebnis scheint sie dazu zu bringen, in ihrem Leben in positiver Weise aktiv zu werden. Manche sagen, das hänge mit dem Seelenfrieden zusammen, der aus dem Glauben entsteht, daß es ein Leben nach dem Leben gibt. Andere meinen, die Begegnung mit einem höheren Wesen führe zu einer gesteigerten Bewußtwerdung.

Was Charles Flynn, Soziologe an der Miami-Universität in Ohio, über die verwandelnde Kraft der Todesnähe-Erfahrung eruiert hat, zählt für mich zum wertvollsten Forschungsertrag überhaupt.

Um zu erfassen, welche Veränderungen speziell im Leben von Menschen mit Todesnähe-Erlebnissen auftraten, wertete er 21 von dem bekannten TNE-Forscher Kenneth Ring ausgegebene Fragebögen aus.

Er fand heraus, daß die Betroffenen vor allem mehr Anteil an anderen Menschen nehmen als vor ihrer Todesnähe-Erfahrung. Außerdem glauben sie stärker an ein jenseitiges Leben und haben weniger Angst vor dem Tod.

Flynns Ergebnisse erscheinen mir sehr hoffnungsvoll. Untersuchungen wie diese zeigen, daß die Erfahrung der Todesnähe trotz ihres aufrüttelnden Charakters positiv erlebt wird. Es ist zwar noch nicht erforscht, wie sich die Todesnähe-Erlebnisse von Millionen Menschen auf ihre Einstellung zu einem Atomkrieg oder dem Hunger in der Welt oder auch nur auf ihre Ehe auswirken, aber wir wissen, daß der aus Todesnähe Zurückgekehrte im Herzen gut ist.

Meine psychiatrische Praxis ist ausschließlich der Beratung von Menschen gewidmet, die ein Todesnähe-Erlebnis gehabt haben. Obwohl ein solches Erlebnis sie vor eine Fülle von Problemen stellt, die die meisten von uns nie kennenlernen, haben sie sich alle zum Besseren verändert. Wie die folgenden Fallgeschichten zeigen, fördert ein Todesnähe-Erlebnis die persönliche Reifung.

Eines der verblüffendsten mir bekannten Beispiele für die persönliche Weiterentwicklung durch ein Sterbeerlebnis ist ein Mann, den ich Nick nennen will. Er war ein Hochstapler, ein Gewohnheitsverbrecher, dessen Bandbreite vom Beschwindeln von Witwen bis zum Drogenhandel reichte. Das Verbrechen hatte ihm ein aufwendiges Leben ermöglicht. Nick besaß schnelle Autos, elegante Kleidung und mehrere Häuser – und keinerlei Gewissensbisse, die ihm das Leben hätten vergällen können.

Doch dann änderte sich sein Leben. An einem bewölkten Tag spielte er Golf, als plötzlich ein Gewitter aufzog.

Bevor er den Platz verlassen konnte, wurde er vom Blitz getroffen und «getötet».

Er schwebte einen Augenblick über seinem Körper und sauste dann in Windeseile durch einen dunklen Tunnel auf einen Lichtfleck zu. Er fand sich in einer lichten, idyllischen Umgebung wieder, wo ihn Verwandte und andere Menschen begrüßten, die «wie Laternen leuchteten».

Er begegnete einem Lichtwesen, das er auch heute noch mit merklichem Zögern Gott nennt, und das ihn voller Güte durch einen Lebensrückblick begleitete. Er durchlebte noch einmal sein ganzes Leben, sah nicht nur seine Taten in dreidimensionaler Deutlichkeit vor sich, sondern sah und fühlte auch die Wirkung seiner Handlungen auf andere.

Dieses Erlebnis machte einen anderen Menschen aus Nick. Später, als er im Krankenhaus ausheilte, schlug die Wirkung seines Lebensrückblicks voll durch. Durch die Begegnung mit dem Lichtwesen war er reiner Liebe begegnet. Bei seinem endgültigen Sterben, das wußte er, würde er noch einmal Rückschau halten müssen – was sehr unangenehm werden würde, wenn er aus seinem ersten Lebensrückblick nichts lernte.

«Heute» – so Nick – «lebe ich in dem Bewußtsein, daß ich eines Tages noch einmal mit allem konfrontiert werde.»

Ich möchte nicht verraten, wovon Nick heute lebt. Nur soviel sei gesagt: es ist eine ehrliche und nützliche Tätigkeit.

Ein anderer Mann, den ich hier Mark nennen möchte, hat sich durch ein Todesnähe-Erlebnis ebenfalls von Grund auf geändert. Er war sein Leben lang hinter Geld und Ansehen her. Er handelte mit medizinischen Einrichtungen, kümmerte sich aber mehr um die Verkaufszahlen und das schnelle Geld als um die Wartung der Geräte, die er geliefert hatte.

Als Mark Mitte Vierzig war, erlitt er einen schweren Herzanfall. In Todesnähe kam er mit seiner Großmutter und vielen anderen Verwandten zusammen und fühlte ihre reine Liebe.

Nachdem Mark wiederbelebt worden war, wandelte sich seine Einstellung zum Leben total. Was ihn vorher getrieben hatte, war ihm nun viel weniger wichtig als seine Familie, Freundschaften und Bildung.

Er sagte mir, als er «drüben» gewesen sei, habe er mit dem Lichtwesen abgemacht, daß er sich nie wieder so ausschließlich auf Geld konzentrieren wolle. Statt dessen würde er sich bemühen, gütig zu sein.

Merkwürdigerweise brachte ihm diese Haltung größeren geschäftlichen Gewinn. «Ich bin ein angenehmerer Mensch geworden», sagte er mir lächelnd. «Deshalb kaufen die Leute auch mehr bei mir.»

Forscher, die zahlreiche aus Todesnähe zurückgekehrte Menschen befragten, haben diese Nachwirkungen des Sterbeerlebnisses bestätigt. Manche erwähnen sogar eine «strahlende Heiterkeit», die von so vielen Zurückgekehrten ausgehe. Es scheint, als habe ihnen ein Blick in die Zukunft gezeigt, daß alles zu einem guten Ende führen wird.

Ich habe acht verschiedene Persönlichkeitsveränderungen festgestellt, die nach Todesnähe-Erlebnissen eintreten. Sie fanden sich bei allen Betroffenen, mit denen ich gesprochen habe. Die Kombination dieser Veränderungen führt zu jener «strahlenden Heiterkeit», die bei so vielen aus Todesnähe Zurückgekehrten zu beobachten ist.

Keine Angst vor dem Tod

Von ihrem Sterbeerlebnis zurückgekehrt, haben die Betroffenen vor dem Tod keine Angst mehr. «Angst vor dem Tod» bedeutet jedoch nicht für alle Menschen dasselbe. Manche fürchten vor allem die schrecklichen Schmerzen, die ihrer Vorstellung nach das Sterben begleiten. Andere bedrückt die Frage, wer für ihre Angehörigen sorgen wird, wenn sie nicht mehr da sind. Das endgültige Erlöschen des Bewußtseins ängstigt wiederum andere.

Menschen, die beherrschend und autoritär sind, fürchten den Verlust der Kontrolle über sich selbst und andere, den ihrer Meinung nach das Sterben mit sich bringt. Angst vor Höllenfeuer und Verdammnis schreckt viele, während manche einfach vor dem Unbekannten zurückscheuen.

Wenn die Betroffenen nach einem Todesnähe-Erlebnis sagen, daß sie nun keine Angst mehr vor dem Tod hätten, meinen sie vor allem, daß sie sich nun nicht mehr vor der Auslöschung des Bewußtseins oder des Selbst fürchten. Das heißt aber nicht, daß sie bald sterben wollen, sondern, daß das Erlebte ihr Dasein reicher und erfüllter gemacht hat. Diejenigen, mit denen ich gesprochen habe, freuen sich mehr als je zuvor, weiterzuleben. Viele meinen sogar, sie lebten jetzt zum erstenmal richtig.

Wie einer meiner Gewährsleute es ausdrückt:

«Die ersten 56 Jahre meines Lebens hatte ich ständig Angst vor dem Tod. Ich war nur darauf aus, dem Tod auszuweichen, den ich als etwas Furchtbares betrachtete. Nach meinem Erlebnis erkannte ich, daß ich durch diese ständige Todesfurcht meine Lebensfreude völlig ausgeschaltet hatte.»

Angst vor einer Höllenstrafe für ihre irdischen Taten ist für viele nun kein Problem mehr. Beim Betrachten ihrer

Lebensrückschau wird vielen Betroffenen klar, daß das Lichtwesen sie liebt und sich um sie sorgt. Sie erkennen, daß es sie nicht verurteilt, sondern nur möchte, daß sie sich zu besseren Menschen entwickeln. Das hilft ihnen, ihre Ängste zu überwinden und sich von neuem darauf zu konzentrieren, lieben zu lernen.

Wohlgemerkt, das Lichtwesen sagt den Menschen in Todesnähe nicht, daß sie sich ändern müßten. Nachdem ich Hunderten von Fällen nachgegangen bin, glaube ich, daß die Menschen sich aus eigenem Antrieb ändern. Sie sind dem Maßstab aller Güte begegnet, und das bringt sie dazu, ihr Verhalten radikal ändern zu wollen.

Ein von mir befragter Betroffener war ein Pfarrer, der früher gern vom Fegefeuer und Jüngsten Gericht gepredigt hatte. Er habe seinen Gemeindemitgliedern nicht selten angedroht, so berichtete er, daß sie ewig in der Hölle schmoren würden, wenn sie an die Bibel nicht in einer ganz bestimmten Weise glaubten.

Während seines Todesnähe-Erlebnisses sagte ihm das Lichtwesen, er solle mit seiner Gemeinde so nicht mehr sprechen. Das Lichtwesen befahl es ihm nicht, sondern wies ihn einfach darauf hin, daß er den Mitgliedern seiner Gemeinde damit das Leben zur Qual mache. Als dieser Pfarrer auf die Kanzel zurückkehrte, predigte er nicht mehr eine Botschaft der Einschüchterung, sondern der Liebe.

Ebenso werden Menschen, die vor dem Todesnähe-Erlebnis zwanghaft waren, nun nicht mehr durch den Verlust der Kontrolle geängstigt. Bei vielen entspringt das Bedürfnis, alles zu kontrollieren, der Angst. Viele haben mir jedoch berichtet, durch das Sterbeerlebnis sei ihnen klargeworden, daß sie ihr Leben nicht auf Angst aufbauen könnten. Zum Teil kommt das daher, daß diese Menschen nun an ein jenseitiges Leben glauben. Dieser Sinneswandel entsteht aber auch durch die Glückseligkeit, die sie geschaut haben. Wie könnten sie sich noch weiter ängstigen und sorgen, nachdem sie höchste Seligkeit erfahren haben?

Die Angst vor dem Tod ist schwächer geworden, aber der Lebenswille nicht. Die meisten Rückkehrer aus Todesnähe, die ich kennengelernt habe, sind heute seelisch stabiler als vor dem Sterbeerlebnis. Obwohl sie fest an ein jenseitiges Leben glauben, hat es keiner von ihnen besonders eilig, von der Bühne ihrer gegenwärtigen Existenz abzutreten. Mit den Worten eines aus Todesnähe Heimgekehrten:

«Dieses Erlebnis bringt einen nicht dazu, sich vor einen Lastwagen zu werfen, um schnell dorthin zurückzukehren. Ich habe immer noch einen starken Überlebenstrieb. Durch diese Erfahrung ist mir aufgegangen, daß der Überlebenswille ein Instinkt ist.

Kurz nachdem ich die Herzstillstände gehabt hatte, stürzte ich die Vordertreppe meines Hauses hinunter. Im Fallen merkte ich, wie ich verzweifelt nach einem Halt griff. Dabei schoß es mir durchs Gehirn: ‹Merkwürdig – du weißt doch, wo du hinkommst und wie herrlich es ist, wenn du stirbst.› Ich habe gemerkt, wie mir die Angst trotzdem die Kehle zuschnürte. Der Überlebenstrieb! Er geht nicht weg, wenn man so ein Erlebnis hat.»

Ein Empfinden für die Bedeutung der Liebe

«Hast du gelernt zu lieben?» Diese Frage wird fast allen Betroffenen während ihres Todesnähe-Erlebnisses gestellt. Nach der Rückkehr sagen fast alle von ihnen, Liebe sei das Wichtigste im Leben. Viele sagen, sie sei der Grund, weshalb wir auf der Welt sind. Für die meisten ist

Liebe nun der Inbegriff von Glück und Erfüllung, andere Werte verblassen daneben.

Wie man sich denken kann, krempelt diese Erkenntnis das Wertesystem der meisten Menschen um. Wer früher engherzig war, sieht nun in jedem Mitmenschen etwas Liebenswertes. Wo materieller Wohlstand als höchste anzustrebende Leistung galt, regiert nun brüderliche Liebe. Ein aus Todesnähe Zurückgekehrter sagte mir:

«Wissen Sie, diese Erfahrung beherrscht Ihr tägliches Leben vom ersten Tag Ihrer Rückkehr an. Bloß auf die Straße zu gehen, ist seither was völlig anderes, glauben Sie mir! Ich war früher immer sehr in meine eigene kleine Welt versponnen und hatte meine Gedanken bei hunderterlei Problemchen. Jetzt gehe ich auf die Straße und habe das Gefühl, mich in einem Meer von menschlicher Wärme zu befinden. Jeden, an dem ich vorbeikomme, möchte ich gern kennenlernen – und ich bin sicher, daß ich alle gernhaben könnte, wenn ich sie nur richtig kennen würde.

Ein Arbeitskollege fragte mich, warum ich immer ein Lächeln im Gesicht hätte. Er wußte nichts von meinem Erlebnis, deshalb sagte ich ihm nur, nachdem ich fast gestorben sei, hätte ich jetzt mehr Lebensfreude. Eines Tages wird er es selbst herausfinden!»

Verbundenheit mit allen Dingen

Wer dem Tod nahe war, kehrt mit dem Gefühl zurück, daß auf der Welt alles mit allem verbunden ist. Die Zurückgekehrten haben Mühe, dieses Erleben genau zu definieren. Die meisten von ihnen empfinden eine früher nicht gekannte Ehrfurcht vor der Natur und der Umwelt.

Eine beredte Beschreibung dieses Empfindens gab mir

ein Betroffener, der ein knallharter Geschäftsmann gewesen war, bevor er mit 62 Jahren während eines Herzstillstands ein Todesnähe-Erlebnis hatte.

«Das erste, was ich sah, als ich im Krankenhaus aufwachte, war eine Blume, und die brachte mich zum Weinen. Ob Sie es glauben oder nicht, aber bevor ich aus dem Tod zurückkehrte, hatte ich noch nie wirklich eine Blume gesehen. Eine wichtige Sache, die mir klar wurde, als ich ‹starb›, war, daß wir alle Teil eines allumfassenden, lebendigen Universums sind. Wenn wir glauben, wir könnten jemand anderem oder einem anderen Lebenwesen weh tun, ohne uns selbst weh zu tun, dann täuschen wir uns gewaltig. Wenn ich heute einen Wald oder eine Blume oder einen Vogel sehe, sage ich mir: ‹Das bin ich, das ist ein Teil von mir.› Wir sind mit allem, was lebt, verbunden, und wenn wir uns gegenseitig Liebe geben können, dann sind wir glücklich.»

Wertschätzung des Lernens

Aus Todesnähe Zurückgekehrte haben eine neue Achtung vor dem Wissen. Manche sagen, dies sei die Folge der Rückschau auf ihr bisheriges Leben. Das Lichtwesen habe ihnen erklärt, das Lernen sei mit dem Tod nicht zu Ende; Wissen sei etwas, das wir mit uns nehmen könnten. Andere sprechen von einem ganzen Bereich des Lebens im Jenseits, der allein dem begeisterten Wissenserwerb diene.

Eine Frau beschrieb diesen Ort als eine Art großer Universität, in der die Menschen eingehende Gespräche über die Welt um sie herum führten. Ein Mann sprach von diesem Bereich als von einem Bewußtseinszustand, in dem einem alles Gewünschte zur Verfügung stehe. Dächte man an einen Stoff, den man erlernen möchte, so erschiene er aufnahmebereit vor einem. Dieser Mann versicherte, es sei fast so, als stünden einem Informationen in Form von ganzen Gedankenbündeln zur Verfügung.

Dies gilt für Informationen aller Art. Wenn ich zum Beispiel wissen wollte, wie es ist, Präsident der Vereinigten Staaten zu sein, brauchte ich mir diese Erfahrung nur zu wünschen, und schon stand sie mir zur Verfügung. Oder wenn ich mich für das Leben eines Insekts interessierte, könnte ich mir auch diese Erfahrung herbeiwünschen, und zwar in allerkürzester Zeit.

Dieses kurze, aber nachhaltige Erlebnis des totalen Lernens während ihres Aufenthalts in Todesnähe führt bei vielen Zurückgekehrten zu einer Neuorientierung. Sie haben nach der Rückkehr in ihren irdischen Körper einen starken Wissensdurst.

Oft wechseln sie den Beruf oder beginnen eine neue Ausbildung. Von denen, die ich kennengelernt habe, strebt jedoch keiner nach Wissen allein um des Wissens willen. Vielmehr glauben alle, daß Wissen nur dann wertvoll ist, wenn es zur Ganzheit der Person beiträgt. Auch hier kommt wieder das Gefühl der Verbundenheit ins Spiel: Wissen ist gut, wenn es die Ganzheit im Leben fördert.

Der im letzten Abschnitt zitierte Geschäftsmann sagt es besser als jeder Forscher:

«Herr Doktor, ich muß gestehen, daß ich vor meinem Herzstillstand für alle Studierten nur Verachtung übrig hatte. Ich habe mich ohne große Schulbildung hochgearbeitet und mich hart ins Zeug gelegt. Wir haben eine Universität hier in der Stadt, und ich hielt die Professoren eigentlich immer für faule Kerle, die nichts Praktisches zustande bringen und es sich auf Kosten anderer gutgehen lassen. Ich habe mehr als einem von ihnen zu verstehen gegeben, daß ich das nicht richtig fand. Ich schuftete in meinem Geschäft zehn bis zwölf Stunden täglich, manchmal sieben Tage die Woche, damit sie forschen und Bücher schreiben konnten, die völlig abgehoben waren.

Aber als die Ärzte mich für tot erklärt hatten, zeigte mir dieses Wesen, das mich begleitete, das Licht, Christus, eine neue Dimension des Wissens, so will ich es mal nennen. Ich kann es Ihnen nicht genauer erklären, aber das macht nichts, denn jeder Mensch wird es eines Tages selbst sehen, ob er es glaubt oder nicht.

Dieses Erlebnis hat mich bescheidener gemacht. Ich schaue jetzt nicht mehr auf die Professoren herab. Wissen ist wichtig. Ich lese jetzt alles, was ich kriegen kann, wirklich wahr. Nicht, daß es mir leid täte, wie mein Leben bisher gelaufen ist, aber ich freue mich einfach, daß ich jetzt Zeit zum Lernen habe. Geschichte, Naturwissenschaft, Literatur – alles interessiert mich. Meine Frau wird schon ganz wild wegen der Bücher, die ich anschleppe. Manche helfen mir, mein Erlebnis besser zu begreifen, glaube ich. Auf die eine oder andere Art habe ich von allem etwas, denn, wie gesagt, wenn man so ein Todesnähe-Erlebnis hat, merkt man, daß alles mit allem zusammenhängt.»

Eine neue Verantwortlichkeit

Alle aus Todesnähe Zurückgekehrten fühlen sich stärker für den Verlauf ihres Lebens verantwortlich. Sie haben außerdem ein feines Empfinden für die unmittelbaren und langfristigen Folgen ihres Handelns. Der eindringliche Lebensrückblick aus der Außenperspektive ermöglicht ihnen, ihr Leben objektiv zu betrachten.

Wie die Rückkehrer versichern, läuft in der Rückschau ihr Leben wie ein Film auf einer Leinwand vor ihnen ab.

Meist können sie die mit dem Geschehen verbundenen Emotionen fühlen, und zwar nicht nur ihre eigenen, sondern auch die ihrer Mitmenschen. Sie können die Zusammenhänge zwischen scheinbar isolierten Ereignissen erkennen und ihre «rechten» und «unrechten» Taten kristallklar vor sich sehen. Die Rückschau lehrt sie, daß sie sich am Ende ihres Lebens als Sender und Empfänger mit allen ihren Handlungen auseinandersetzen müssen.

Mir ist bisher noch kein aus einem Sterbeerlebnis Zurückgekehrter begegnet, der nicht bekannt hätte, daß er in seinem Handeln sehr viel bewußter geworden ist. Das soll nicht heißen, daß die Betroffenen neurotische Schuldgefühle hätten. Das Gefühl der Verantwortlichkeit ist positiv und zeigt sich nicht in Schuldkomplexen.

Eine junge Frau, die an ihrem dreiundzwanzigsten Geburtstag, kurz nach dem Abschluß ihres Graduiertenstudiums in Soziologie, ein Todesnähe-Erlebnis hatte, berichtete mir:

«Das Wichtigste, was ich aus diesem Erlebnis gelernt habe, ist, daß ich für alles, was ich tue, einstehen muß. Als ich mit ihm [dem Lichtwesen] mein Leben überblickte, gab es keine Ausreden und Ausflüchte mehr. Und ich habe gemerkt, daß das mit der Verantwortung gar nicht so schlecht ist, denn am Ende kann man sich nicht mehr herausreden oder sein eigenes Versagen anderen zuschieben. Es ist komisch, aber meine Schwächen sind mir richtig ans Herz gewachsen, weil sie eben auch zu mir gehören, und verflixt noch mal, ich werde auf jeden Fall daraus lernen, egal, was kommt.

Ein Vorfall aus der Lebensrückschau ist mir noch im Gedächtnis, als ich meiner kleinen Schwester den Osterkorb wegriß, weil sie ein Spielzeug bekommen hatte, das ich auch gern haben wollte. In dieser Rückschau fühlte ich ihre Enttäuschung und Trauer.

Was wir anderen durch unsere Lieblosigkeit antun! Aber wunderbarerweise ist es uns bestimmt, uns dessen bewußt zu werden. Wenn mir einer das nicht glaubt, gut, dann werde ich ihn im Jenseits treffen, wenn er es selbst erlebt hat, und dann reden wir noch einmal darüber...

Alles, was du je getan hast, wird dir (in der Rückschau) zur Beurteilung vorgelegt, und so unangenehm manches auch sein mag, ist es doch ein tolles Gefühl, alles offen auf dem Tisch zu haben. Im Leben kannst du herumspielen und mit Ausreden kommen oder sogar mal was vertuschen und dich auf Dauer damit selber ins Unglück stürzen. Aber als ich dort die Rückschau sah, gab es kein Vertuschen mehr. Ich war die Menschen, die ich gekränkt habe, und ich war die Menschen, die sich durch mich gut gefühlt haben. Ich wünschte, ich könnte allen klarmachen, wie gut es tut zu wissen, daß du selber für dich verantwortlich bist und eines Tages in eine Situation kommst, in der du die Augen nicht mehr zumachen kannst.

Es ist das befreiendste Gefühl der Welt. Es ist jeden Tag von neuem eine Herausforderung zu wissen, daß ich im Sterben jede einzelne Handlung noch einmal erleben und dabei fühlen werde, was ich anderen antue. Das gibt mir natürlich unheimlich zu denken. Aber ich habe keine Angst davor, ich genieße es.»

Ein Gefühl für die Kostbarkeit der Zeit

«Zeitnot» ist ein Ausdruck, der in meinen Gesprächen mit aus Todesnähe Zurückgekehrten immer wieder fällt. Häufig spielen sie damit auf die Kürze und Hinfälligkeit ihres eigenen Lebens an. Oft bezieht sich dieses Empfinden aber auch auf eine Welt, in der ungeheure destruktive Kräfte in den Händen fehlbarer Menschen sind.

Woher dieses Gefühl der Dringlichkeit kommt, weiß ich nicht. Es scheint die aus dem Sterben Zurückgekehrten aber zu intensiver Wertschätzung ihres Lebens anzuregen. Nach einem Todesnähe-Erlebnis beteuern die Betroffenen immer wieder, daß das Leben kostbar sei, daß die «kleinen Dinge» zählten und wir das Leben voll auskosten sollten.

Eine Frau berichtete, daß der Lebensrückblick nicht nur die großen Ereignisse zeige, wie man vielleicht denken könnte. Sie sagte, er enthalte auch Kleinigkeiten. In ihrem Rückblick zum Beispiel kam groß heraus, wie sie einmal einem Mädchen half, das sich in einem Warenhaus verirrt hatte. Die Frau setzte die weinende Kleine auf einen Ladentisch und redete ihr gut zu, bis ihre Mutter kam.

Solche kleinen Dinge, über die man gar nicht groß nachdenkt, werden in der Rückschau hervorgehoben.

Viele Menschen werden von dem Lichtwesen gefragt: «Was empfandest du, als dies geschah?» Es ist, als wolle es dem «Sterbenden» sagen, die kleinen, von Herzen kommenden Freundlichkeiten seien am wertvollsten, weil sie am aufrichtigsten sind.

Die Ausprägung der spirituellen Seite

Ein Todesnähe-Erlebnis führt fast immer zu spiritueller Neugier. Viele Rückkehrer beschäftigen sich eingehend mit den spirituellen Lehren der großen religiösen Denker.

Sie werden jedoch deswegen noch lange nicht zu Stützen ihrer Kirchengemeinde. Ganz im Gegenteil tendieren sie eher dazu, sich von rein theoretischen religiösen Lehren abzuwenden.

Ein Mann, der vor seinem Todesnähe-Erlebnis an einem

Priesterseminar studiert hatte, gab mir einen bündigen, zum Nachdenken anregenden Bericht über seine veränderte Einstellung.

«Der Arzt sagte mir, ich sei während der Operation ‹tot› gewesen. ‹Ganz im Gegenteil›, antwortete ich, ‹ich bin zum Leben erwacht.› Während meiner Vision erkannte ich, was für ein eingebildeter Esel ich gewesen war mit meinen theologischen Spitzfindigkeiten. Ich dünkte mich erhaben über alle, die nicht meiner Konfession angehörten und nicht denselben Glaubenssätzen folgten wie ich.

Eine Menge Leute, die ich kenne, werden sich wundern, wenn sie merken, daß unser Herrgott für Theologie nicht viel übrig hat. Tatsächlich scheint ihn manches eher zu belustigen, aber für Fragen bezüglich meiner Konfession hat er sich überhaupt nicht interessiert. Er schaute mir ins Herz, nicht in den Kopf.»

Der Wiedereintritt in die «reale» Welt

Die Wiederanpassung an die irdische Welt ist von einigen Forschern als «Wiedereintrittssyndrom» bezeichnet worden. Doch warum sollte es den Betroffenen denn auch *nicht* schwerfallen, sich wieder an unsere Welt zu gewöhnen? Wer empfände die Rückkehr in die irdische Welt, wenn er einmal ein geistiges Paradies kennengelernt hat, nicht als Belastung?

Vor über zweitausend Jahren hat der Philosoph Platon dieses Phänomen in seinem Buch «Über den Staat» angesprochen. Dort fordert er uns auf, wir sollten uns eine unterirdische Höhle vorstellen, in der Gefangene von Geburt an festgehalten werden. An den Händen gefesselt, schauen sie auf die Rückwand einer Höhle. Auf diese Weise sehen sie nur die Schatten der Wesen, die sich vor dem lodernden Feuer hinter ihrem Rücken bewegen.

Angenommen, schreibt Platon, einer dieser Gefangenen würde aus seinen Fesseln befreit, so daß er die Höhle verlassen und in unsere Welt mit all ihrer Schönheit emporsteigen könnte. Würde er danach gezwungen, wieder in das Schattenreich zurückzukehren, so würden ihn seine Mitgefangenen, die nie aus der Höhle herausgekommen sind, verhöhnen und verlachen, wenn er ihnen von seinen Erlebnissen erzählte. Und zusätzlich zu ihrem Spott würde es ihm auch noch schwerfallen, sich wieder an die herrschenden Überzeugungen einer ihm nun sehr viel enger erscheinenden Welt anzupassen.

Mit ähnlichen Problemen befasse ich mich in meiner psychiatrischen Praxis. Ich eröffnete 1985 eine sogenannte «spirituelle Praxis», weil mir klargeworden war, daß ein großer Teil der Menschen, die spirituelle Erfahrungen gemacht haben, diese nur mit Mühe in ihr Leben integrieren können.

So will beispielsweise kaum jemand von der Erfahrung der aus Todesnähe Zurückgekehrten etwas wissen. Das Sterbeerlebnis verwirrt die Angehörigen, manchmal glauben sie sogar, der Betroffene sei gestört. Vom Standpunkt der Betroffenen her ist etwas Wesentliches geschehen, das ihr Leben verändert, doch hört ihnen kaum jemand interessiert zu. Sie brauchen deshalb einen Gesprächspartner, der ihr Erlebnis kennt und ernst nimmt.

Seltsamerweise finden die aus Todesnähe Zurückgekehrten bei der Verarbeitung ihrer Erfahrung gewöhnlich wenig Unterstützung von ihren Ehepartnern oder Verwandten. Oft führen die mit diesem Erlebnis einhergehenden ausgeprägten Persönlichkeitsveränderungen zu Spannungen in der Familie. So werden manche Menschen, die ihre Gefühle in der Ehe jahrelang unterdrückt hatten, nach einem Todesnähe-Erlebnis auf einmal sehr offen. Dies kann die Ehepartner in große Verlegenheit bringen. Ihnen scheint es fast, als wären sie mit jemand ganz anderem verheiratet.

Ein Mann erzählte mir: «Als ich ‹zurückkehrte›, wußte keiner so recht, was er von mir halten sollte. Vor meinem Herzinfarkt war ich ein gehetzter, aggressiver A-Typ gewesen. Wenn mir etwas nicht paßte, machte ich den anderen die Hölle heiß. Das ging zu Hause nicht anders als bei der Arbeit. War meine Frau nicht pünktlich angezogen, wenn wir ausgehen wollten, regte ich mich auf und verdarb ihr den restlichen Abend.

Warum sie das mitgemacht hat, weiß ich nicht. Sie muß sich im Lauf der Jahre aber doch daran gewöhnt haben, denn nach meinem Todesnähe-Erlebnis kam sie mit meiner Milde nicht zurecht. Ich habe sie nicht mehr angeschrien, ich drängte ihr – oder auch anderen – nicht mehr meinen Willen auf. Ich war auf einmal der umgänglichste Mensch der Welt, und diesen Wechsel hat sie fast nicht verkraftet. Ich brauchte eine Menge Geduld – eine Eigenschaft, die mir früher völlig gefehlt hat –, um unsere Ehe zusammenzuhalten. Sie sagte immer wieder: ‹Seit deinem Herzinfarkt bist du ganz anders.› Ich glaube, eigentlich meinte sie damit: ‹Du bist wohl verrückt geworden.›»

Um diese Anpassungsschwierigkeiten zu mildern, veranstalte ich immer wieder Gruppen für Personen mit Todesnähe-Erlebnis und ihre Ehepartner, in denen sie sich über die Auswirkungen des TNE auf ihr Familienleben austauschen können. Dabei stellen sie fest, daß andere mit den gleichen Problemen zu kämpfen haben, und versuchen, sich auf die «neue» Persönlichkeit der Betroffenen einzustellen.

Bei den Zurückgekehrten zeigt sich immer wieder, daß sie fast sehnsüchtig an den seligen Seinszustand zurückdenken, den sie während ihres Todesnähe-Erlebnisses kennengelernt haben. In unsere Welt zurückgekehrt, vermissen sie jenen anderen Ort. Sie müssen lernen, mit dieser Sehnsucht zu leben.

1983 leitete ich eine Tagung über den Umgang mit aus Todesnähe Zurückgekehrten. Da kamen viele aus medizinischen Berufen zusammen, die also Erfahrungen im Umgang mit Rückkehrern hatten. Im Verlauf der dreitägigen Konferenz stellten wir Richtlinien auf, wie man mit dieser spirituellen Krise umgehen sollte. Ich füge sie hier ein, damit deutlich wird, worauf es bei der Bewältigung eines Todesnähe-Erlebnisses ankommt.

□ *Lassen Sie die Betroffenen frei über ihre Erfahrung sprechen.* Hören Sie ihnen einfühlsam zu, und lassen Sie sie so lange über das Erlebte sprechen, wie sie wollen. Lassen Sie sich nicht dazu hinreißen, Ihren eigenen Befürchtungen über das Leben nach dem Tod Luft zu machen oder irgendeine eigene Theorie beweisen zu wollen. Der aus Todesnähe Zurückgekehrte hat ein intensives Erlebnis hinter sich; er oder sie braucht ein offenes Ohr, dem er das Erlebte unverfälscht mitteilen kann.

□ *Zeigen Sie ihnen, daß sie nicht allein sind.* Sagen Sie den Betroffenen, daß Todesnähe-Erlebnisse häufig sind. Sagen Sie ihnen auch, daß wir noch nicht bis ins letzte verstehen, warum sie auftreten, daß aber die vielen Menschen, die die Todesnähe erlebt haben, durch diese Erfahrung reifer geworden sind.

□ *Sagen Sie ihnen, um was für ein Erlebnis es sich handelt.* Obwohl schon Millionen Menschen TNEs gehabt haben, wissen nur wenige von ihnen, wie man ein solches Erlebnis nennt. Sagen Sie ihnen, sie hätten ein «Todesnähe-Erlebnis» gehabt. Der klinische Name für das Geschehene gibt den Betroffenen einen ersten Anhaltspunkt, von dem aus sie das Erlebnis begreifen können.

□ *Beziehen Sie die Familien mit ein.* Die Veränderungen, die ein Todesnähe-Erlebnis für die Betroffenen mit sich bringt, sind für ihre Familie häufig schwer zu verkraften. Ein Vater, der vor dem Sterbeerlebnis vielleicht ein hektischer A-Typ gewesen war, präsentiert sich nun auf einmal als sanfter B-Typ. Ein solcher Wechsel kann zum Problem werden für eine Familie, die daran gewöhnt ist, daß ihr Oberhaupt fordernd und reizbar ist.

Es ist wichtig, das Gespräch innerhalb der Familie zu ermutigen, damit alle Familienmitglieder ihre Gefühle über die Veränderungen des Betroffenen äußern. Auf diese Weise können diese Gefühle angenommen werden, bevor sie die Familie spalten.

□ *Treffen mit anderen aus Todesnähe Zurückgekehrten.* Häufig bringe ich Menschen, die gerade erst ein TNE hatten, mit anderen Betroffenen zusammen. Im Lauf der Jahre habe ich mehrere Gruppentherapie-Sitzungen mit solchen Patienten geleitet, die mir von anderen Ärzten überwiesen wurden. Im Idealfall umfaßt die Gruppe etwa vier Menschen, die zwanglos ihre durch das Todesnähe-Erlebnis entstandenen Probleme durchsprechen.

Diese Gruppensitzungen gehören zum Erstaunlichsten, was ich je erlebt habe. Die Teilnehmer sprechen ganz offensichtlich über eine gemeinsame Erfahrung und nicht über eine Illusion, ein Phantasiegebilde oder einen Traum. Fast scheint es, als hätten sie gemeinsam eine Reise in ein anderes Land unternommen.

Häufig bitte ich die Ehepartner der TNE-Patienten zu diesen Sitzungen, denn der Kontakt mit anderen Betroffenen und ihren Partnern beruhigt sie. Forscher haben nachgewiesen, daß es nach Todesnähe-Erlebnissen oft zur Scheidung kommt, weil die Persönlichkeit des Betroffenen sich so tiefgreifend verändert. Durch das Zusammentreffen mit Menschen, die sich in der gleichen Situation befinden, können «neue» TNE-Patienten und ihre Partner erleben, wie andere diese Erlebnisse in ihr Familienleben integriert haben.

Natürlich sind manche Menschen begeistert, auf einmal einen «friedlicheren» Partner zu Hause zu haben. Andere dagegen empfinden nicht so. Sie haben zwar vielleicht jahrelang immer wieder geseufzt: «Wenn du doch nur ein bißchen ruhiger werden würdest» – aber wenn das dann wirklich geschieht, ist es ihnen überhaupt nicht recht. Sie fürchten, der Persönlichkeitswandel des Partners deute auf eine Psychose oder auf Leistungsabbau hin.*

□ *Regen Sie die Betroffenen zum Lesen an. Bibliotherapie,* also Therapie durch das Lesen von Büchern, wird von Psychiatern und Psychologen normalerweise nicht empfohlen. Der Grund dafür ist, daß es den meisten Patienten nicht guttut, über ihre psychischen Probleme nachzulesen, da es keinesfalls beruhigend ist, die Symptome ihrer Erkrankung schwarz auf weiß in einem Buch wiederzufinden. Mit Todesnähe-Erlebnissen ist es jedoch etwas anderes, denn hier haben wir es mit einer spirituellen Erfahrung und nicht mit einer Krankheit zu tun.

Ich habe bemerkt, wenn die Betroffenen genug Zeit haben, ihr Erlebnis selbständig zu verarbeiten, ist es ratsam, ihnen später gute Bücher zum Thema Todesnähe-Erlebnisse zu nennen. Das gibt ihnen die Möglichkeit, sich in Ruhe mit dem ganzen Spektrum der Sterbeerfahrungen und der verschiedenen Ansichten zu diesem Thema zu beschäftigen.

* Die «International Association for Near-Death Studies (IANDS)» fördert Gruppen zur Unterstützung von Todesnähe-Patienten, die es bereits in fast 30 Städten der USA gibt. Informationen über die Aktivitäten der Vereinigung erteilt «Friends of IANDS», Department of Psychiatry, University of Connecticut Health Center, Farmington, CT 06032, USA.

Ziel dieser Bemühungen ist es, der Person zu helfen, das Erlebte in ihr Leben zu integrieren und dafür zu sorgen, daß die Veränderungen, die sich nach einem Todesnähe-Erlebnis mit Sicherheit ergeben, positiv und reifungsfördernd wirken.

Die wenigen Forschungsarbeiten, die es bisher zum Thema gibt, zeigen die Persönlichkeitsveränderungen in positivem Licht. Die Forschungen haben gezeigt, daß Todesnähe-Erlebnisse, egal ob sie nun Reisen in die Anderswelt darstellen oder weniger spektakulär sind, das Leben der Betroffenen außerordentlich nachhaltig beeinflussen. Oder, wie ein Soziologe gesagt hat: «Dinge sind real, wenn ihre Folgen real sind.»

Kapitel 3

Todesnähe-Erlebnisse von Kindern: Begegnung mit dem Schutzengel

Die Todesnähe-Erlebnisse von Kindern haben eine besondere Qualität. Die Befragung unschuldiger Kinder gibt den Forschern die Möglichkeit, Individuen zu untersuchen, die sich noch nicht allzu viele Gedanken über das Leben, den Tod oder das Jenseits gemacht haben. Kinder sind von der Erwachsenenwelt noch nicht so beeinflußt und haben noch nichts von Eindrücken gehört, die Todesnähe-Erlebnissen gleichen.

Da Kinder noch nicht im selben Maß kulturell konditioniert sind wie Erwachsene, erhöhen ihre Sterbeerlebnisse die Stichhaltigkeit der Kernerfahrung der Todesnähe.

Schon ganz kleine Kinder berichten, wie man später sieht, die gleichen Anzeichen für Todesnähe-Erfahrungen wie Erwachsene, und das aus allen Kulturkreisen: die Empfindung, den eigenen Körper von einem Aussichtspunkt außerhalb des leiblichen Körpers zu betrachten; Rückschau in Form eines Lebenspanoramas; Eintritt in einen Tunnel; Zusammentreffen mit anderen Menschen, einschließlich lebenden und toten Verwandten; Begegnung mit einem Lichtwesen; Wahrnehmung der

Gegenwart eines göttlichen Wesens; Rückkehr in den Körper.

«Kindermund tut Wahrheit kund», ist ein Grundsatz, der wie in vielen anderen Lebensbereichen auch auf Todesnähe-Erlebnisse zutrifft.

Mein erster Fallbericht von einem Kind

Auf das erste aus Todesnähe zurückgekehrte Kind stieß ich per Zufall, als ich an einem Krankenhaus in Georgia Assistenzarzt war. Ich nahm eine routinemäßige Untersuchung an einem Patienten vor, den ich Sam nennen möchte. Er war neun Jahre alt und im vorangegangenen Jahr fast an einem durch eine Erkrankung der Nebennierendrüsen versursachten Herzstillstand gestorben.

Während ich mit ihm über seine Krankheit redete, fing er schüchtern an: «Ungefähr vor einem Jahr bin ich gestorben.»

Ich begann, ihm geduldig zuzureden, mir mehr darüber zu erzählen. Er berichtete mir, nachdem er gestorben sei, sei er aus seinem Körper herausgeschwebt und habe von oben zugesehen, wie der Doktor auf seine Brust drückte, um sein Herz wieder in Gang zu bringen. Aus seinem veränderten Zustand heraus habe er versucht, dem Doktor beizubringen, daß er ihn nicht weiter bearbeiten solle, aber der Arzt habe nicht auf ihn gehört.

An diesem Punkt hatte Sam das Gefühl, sich sehr rasch aufwärts zu bewegen und die Erde unter sich zurückzulassen.

Dann sei er durch einen dunklen Tunnel geglitten und auf der anderen Seite von einer Gruppe von «Engeln» empfangen worden. Ich fragte ihn, ob diese Engel Flügel gehabt hätten, was er verneinte.

«Sie glänzten», sagte Sam, sie leuchteten, und alle schienen ihn sehr zu mögen.

An diesem Ort sei alles voller Licht gewesen, sagte er weiter. Durch dieses Licht hindurch habe er eine wunderschöne, ländliche Umgebung erkennen können. Dieser himmlische Ort sei von einem Zaun umgeben gewesen, und die Engel hätten ihn gewarnt, wenn er über diesen Zaun hinausgehe, könne er nicht mehr ins Leben zurückkehren. Dann habe ihm ein Lichtwesen (Sam nannte es Gott) gesagt, er müsse zurückgehen und wieder in seinen Körper zurückkehren.

«Ich wollte nicht zurückkommen, aber er befahl es mir», sagte Sam.

Dieses Gespräch war besonders aufregend für mich. Wenn Menschen in sehr jungen Jahren ein Todesnähe-Erlebnis haben, scheint es ein fester Teil ihrer Persönlichkeit zu werden. Es begleitet sie ihr ganzes Leben lang und verändert sie. Sie haben keine Angst mehr vor dem Tod wie ihre Altersgenossen. Statt dessen strahlen sie etwas aus, das zeigt, daß sie unser zukünftiges Leben geschaut haben.

Diese Einblicke lassen sie zu sehr empfindsamen, reifen Menschen werden, die in ihrem Leben eine ungewöhnliche Einsicht zeigen. Wie sie bekennen, sehnen sie sich im Lauf der Jahre oft nach diesem Erlebnis zurück. Und wenn das Leben sie hart anpackt, trösten sie sich damit, daß sie, wie einer von ihnen sagte, «schon auf der anderen Seite gewesen» sind.

Ein Mann, der als Kind ein Todesnähe-Erlebnis gehabt hatte, sagte mir, er sei seither zweimal in Lebensgefahr geraten. Das eine Mal im Krieg, das andere Mal warf ihn in einem Supermarkt ein geistesgestörter Gewaltverbrecher zu Boden, der den Laden ausraubte und ihn zur Einschüchterung der übrigen Geiseln töten wollte.

Mein Gefährsmann berichtete, beide Male habe er sich

nicht gefürchtet. An die Stelle möglicher Furcht sei die Erinnerung an seine Begegnung mit dem Lichtwesen getreten.

«Das Licht war sehr hell»

Einige Forscher vertreten die Ansicht, Todesnähe-Erlebnisse seien der Abwehrmechanismus des Geistes gegen die Todesangst. Todesnähe-Erlebnisse von Kindern widerlegen diese Theorie, denn Kinder nehmen das Sterben ganz anders wahr als Erwachsene.

So neigen Kinder unter sieben Jahren dazu, den Tod als vorübergehend, als eine Art Urlaubszeit anzusehen. Für sie ist der Tod etwas, von dem man zurückkehrt. Für etwa Sieben- bis Zehnjährige ist der Tod eine magische Vorstellung, die in den folgenden Jahren durch das Wissen abgelöst wird, daß er körperlichen Zerfall mit sich bringt. Vom siebten bis zehnten Lebensjahr stellen Kinder sich den Tod als Person vor, als ein Ungeheuer oder eine Art Kobold, der sie auffrißt. Sie glauben, er lauere im Dunkeln und sie könnten vor ihm wegrennen, wenn er auftaucht.

Auf jeden Fall sehen Kinder den Tod ganz anders als Erwachsene. Diese fürchten die Auslöschung des Bewußtseins oder den Schmerz, der ihrer Meinung nach mit dem Sterben verbunden ist. Manche fürchten, allein und von Verwandten und Freunden abgeschnitten zu sein, andere haben Angst vor Höllenfeuer und Verdammnis. Einige fürchten den Verlust an Kontrolle, den der Tod bringt, die Notwendigkeit, die Führung ihres Geschäfts, ihrer Familie oder was immer sie leiten wollen, aus der Hand zu geben. Manche haben Ur-Ängste vor körperlicher Verstümmelung.

Kinder sind noch nicht in dieser Weise kulturell konditioniert. Diejenigen, die Todesnähe-Erlebnisse gehabt haben, übernehmen diese Konditionierung oft gar nicht erst. Sie haben so gut wie keine Angst vor dem Tod und sprechen oft freudig von ihren Todesnähe-Erfahrungen. Manche Kinder, mit denen ich gesprochen habe, äußerten den Wunsch, «wieder zu dem Licht zurückzukehren».

Eines dieser Kinder war ein neunjähriges Mädchen, das ich Nina nennen möchte. Sie machte während einer Blinddarmoperation ein Todesnähe-Erlebnis durch. Die Ärzte begannen sofort mit der Wiederbelebung, ein Vorgang, den sie auf einmal von einem Beobachtungsposten außerhalb ihres Körpers mit ansah.

«Ich hörte sie sagen, mein Herz habe aufgehört zu schlagen, aber ich war oben an der Decke und schaute herunter. Ich konnte von dort alles sehen. Ich schwebte dicht unter der Decke, und als ich meinen Körper sah, wußte ich erst nicht, daß ich das war. Dann merkte ich es, weil ich meinen Körper erkannte. Ich ging hinaus auf den Gang und sah meine Mutter weinen. Ich fragte sie, warum sie weinte, aber sie konnte mich nicht hören. Die Ärzte dachten, ich sei tot.

Dann kam eine schöne Frau und half mir, denn sie wußte, daß ich Angst hatte. Wir gingen durch einen Tunnel und kamen in den Himmel. Da waren wunderbare Blumen. Ich war bei Gott und bei Jesus. Sie sagten, ich müsse zurück zu meiner Mutter, weil sie verzweifelt sei. Sie sagten, ich müsse mein Leben zu Ende leben. Dann bin ich zurückgekommen und aufgewacht.

Der Tunnel, durch den ich kam, war lang und sehr dunkel. Ich sauste ganz schnell hindurch. Am Ende war ein Licht. Als wir das Licht sahen, war ich sehr froh. Ich wollte schon lange wieder zurück. Ich möchte jetzt immer noch zu diesem Licht zurück, wenn ich sterbe.

...Das Licht war sehr hell.»

Ein Junge, den ich Jason nennen will, spricht ebenfalls sehnsüchtig von seinem Todesnähe-Erlebnis. Er geriet in Todesnähe, als er beim Radfahren von einem Auto angefahren wurde. Dann machte er ein interessantes, «komplettes» Todesnähe-Erlebnis durch, das einen Großteil der Elemente des Kernerlebnisses enthielt und sehr intensiv war.

Ich interviewte Jason drei Jahre nach seinem TNE, als er vierzehn war. Tests haben gezeigt, daß er trotz seines schweren Unfalls keine Gehirnschädigung davongetragen hat. Jason ist, wie Sie aus seinen Antworten sehen können, keineswegs auf den Kopf gefallen.

Jason: «Es geschah, als ich elf war. Ich hatte zum Geburtstag ein neues Fahrrad bekommen. Am Tag danach fuhr ich damit herum, sah das Auto nicht kommen und wurde überfahren.

Ich kann mich an den Aufprall nicht mehr erinnern, aber auf einmal sah ich mich selber von oben. Ich sah meinen Körper unter dem Rad liegen. Mein Bein war gebrochen und blutete. Ich weiß noch, daß mir auffiel, daß meine Augen geschlossen waren. Ich selber war oben.

Ich schwebte etwa eineinhalb Meter über meinem Körper, und ringsherum standen viele Leute. Ein Mann versuchte, mir zu helfen. Ein Krankenwagen kam angefahren. Ich verstand nicht, warum die Leute sich aufregten, denn mir ging es prima. Ich beobachtete, wie sie meinen Körper in den Krankenwagen schoben, und versuchte, ihnen zu sagen, daß es mir gut ging, aber keiner konnte mich hören. Doch ich kriegte mit, was sie sagten. ‹Helfen Sie ihm›, sagte jemand. ‹Ich glaube, er ist tot, aber wir versuchen es trotzdem›, sagte ein anderer.

Der Krankenwagen fuhr los, und ich bemühte mich, ihm zu folgen. Ich schwebte über dem Krankenwagen und versuchte mitzukommen. Ich glaubte, ich sei tot.

Dann auf einmal war ich in einem Tunnel mit einem hellen Licht am Ende. Der Tunnel führte anscheinend immer weiter aufwärts. Ich kam auf der anderen Seite heraus.

Da waren eine Menge Leute in dem Licht, aber ich kannte keinen von ihnen. Ich erzählte von meinem Unfall, und sie sagten, ich müsse zurückkehren. Sie meinten, ich sei noch nicht bereit zu sterben und müsse deshalb wieder zu meinem Vater, meiner Mutter und meiner Schwester zurück.

Ich war lange Zeit in dem Licht, jedenfalls schien es mir so. Ich spürte, daß alle mich gern hatten. Alle waren froh. Ich glaube, das Licht war Gott. In dem Tunnel wurde ich hinaufgewirbelt zu dem Licht wie in einem Wasserstrudel. Ich hatte keine Ahnung, warum ich in diesem Tunnel war oder wohin ich ging. Ich wollte nur zu diesem Licht. Und als ich dort angekommen war, wollte ich nicht mehr zurück. An meinen Körper dachte ich schon fast nicht mehr.

Als ich in dem Tunnel hochstieg, halfen mir zwei Leute. Als sie in das Licht hinaustraten, konnte ich sie sehen. Sie hatten mich den ganzen Weg begleitet.

Dann sagten sie mir, ich müsse zurückgehen. Ich ging wieder durch den Tunnel, bis ich schließlich im Krankenhaus ankam, wo zwei Ärzte mich versorgten. Sie riefen: Jason, Jason! Ich sah meinen Körper auf dem Operationstisch, er war ganz blau. Aber mir war klar, daß ich zurückkommen mußte, denn die Leute in dem Licht hatten es mir ja gesagt.

Die Ärzte machten sich Sorgen, aber ich versuchte ihnen zu erklären, daß ich in Ordnung war. Einer der beiden setzte mir Gummiteller auf die Brust, und dann sprang mein Körper in die Höhe.

Als ich aufwachte, sagte ich dem Arzt, daß ich ihn gesehen habe, als er die Gummiteller anbrachte. Ich wollte es auch meiner Mutter sagen, aber keiner wollte es hören.

Später sagte ich es einer Lehrerin in der Schule, und sie hat es Ihnen weitergegeben.»

Moody: «Jason, wie erklärst du dir das alles? Dieses Erlebnis ist nun schon drei Jahre her. Hat es dich in irgendeiner Weise verändert? Was glaubst du, was es bedeutet?»

Jason: «Ich habe natürlich viel darüber nachgedacht. Meiner Meinung nach bin ich gestorben. Ich bin da gewesen, wo man hinkommt, wenn man stirbt. Ich habe jetzt keine Angst mehr vor dem Sterben. Ich habe dort gelernt, daß es das Wichtigste ist zu lieben, solange man lebt.

Letztes Jahr ist ein Junge aus meiner Klasse gestorben. Er hatte Leukämie. Keiner wollte darüber sprechen, aber ich habe gesagt, daß Don okay ist, da wo er sich jetzt aufhält, und daß der Tod gar nichts so Schreckliches ist. Ich habe erzählt, wie es war, als ich gestorben bin, und daraufhin hat die Lehrerin es Ihnen erzählt.»

Moody: «Jason, ist dir an den Menschen, die mit dir in dem Tunnel waren, etwas aufgefallen?»

Jason: «Die beiden Menschen, die mit mir in dem Tunnel waren, haben mir sofort geholfen, als ich dort ankam. Ich wußte nicht so recht, wo ich war, ich wollte nur zu diesem Licht am Ende des Tunnels kommen. Die beiden sagten mir, alles werde gut werden, und sie würden mich in das Licht führen. Ich spürte Liebe von ihnen ausstrahlen. Ihre Gesichter konnte ich nicht sehen in dem Tunnel, sondern bloß Umrisse. Als wir in das Licht kamen, habe ich ihre Gesichter gesehen. Es ist schwer zu erklären, weil es ganz anders ist als das Leben auf der Welt. Ich habe keine Worte dafür. Es sah so aus, als ob sie lange, strahlendweiße Kleider anhätten. Alles war voller Licht.»

Moody: «Vorhin sagtest du, du seist tot gewesen. Kannst du mir darüber etwas sagen?»

Jason: «Sie meinen, als ich über dem Krankenwagen schwebte? Ich schaute von oben auf den Krankenwagen hinunter. Ich wußte, daß mein Körper da in dem Krankenwagen lag, aber ich war irgendwie weiter oben. Einer der Männer im Krankenwagen sagte, ich sei wahrscheinlich tot, und als ich mit ihnen redete, hörte mich keiner, da wußte ich, daß ich tot war. Sobald mir das klar wurde, öffnete sich auf einmal dieser Tunnel vor mir, und ich sah das Licht am anderen Ende. Als ich hineinging, machte es ‹schwupp›. Es war lustig da drinnen.»

Die deutlich angenehmen Erinnerungen, die Kinder an ihre Todesnähe-Erlebnisse haben, sind ein gesundes Zeichen. Sehr oft entwickeln die Kinder eine Bindung an die Menschen, die sie «auf der anderen Seite» kennengelernt haben. Nach ihrer Rückkehr sprechen sie dann von jener schönen Frau, die sich um sie gekümmert hat, als sie starben.

Für mich ist das ein weiteres Indiz für die positiven Auswirkungen von Sterbeerlebnissen selbst bei einer «kulturell nicht konditionierten» Menschengruppe. Das Erlebte führt weder zu Ängsten, noch beeinträchtigt es die Kinder wie eine Geisteskrankheit. Statt dessen hängen sie meist sehr an ihrem Todesnähe-Erlebnis. Diese «Sehnsucht nach dem herrlichen Licht», wie ein Patient es nannte, läßt die meisten kindlichen Rückkehrer aus einem Sterbeerlebnis später zu besseren Menschen werden. Ihr besonderes Wissen macht sie gütiger und geduldiger.

Eine ältere Patientin, die als Kind ein Sterbeerlebnis gehabt hatte, erzählte mir: «Ich wurde nie so weit in Familienstreitigkeiten hineingezogen wie meine Geschwister. Meine Mutter sagte immer, das komme daher, daß ich ‹unter die Oberfläche blickte›. Ich glaube, das stimmt auch.

Mir war immer klar, daß all dieser Zank im Grunde zu nichts führte. Nachdem ich bei dem Lichtwesen gewesen war, erkannte ich, daß Streiten sinnlos war. Wenn sich in der Familie etwas zusammenbraute, verkroch ich mich mit einem Buch und ließ die anderen ihre Schwierigkeiten allein lösen. Meine waren bereits für mich gelöst worden. Selbst heute bin ich noch so, nach über dreißig Jahren.»

Schlußfolgerungen anderer Forscher

Über Todesnähe-Erlebnisse von Kindern gibt es bisher nur wenige medizinische Forschungsberichte. Was an Arbeiten zu diesem Thema vorliegt, ist jedoch der Beachtung wert, denn die Forscher kommen hinsichtlich der Bedeutung von TNEs bei Kindern zu interessanten Schlüssen.

Einer dieser Forscher ist Dr. David Herzog vom Massachusetts General Hospital in Boston. In einem Fallbericht mit dem Titel «Near-Death Experiences in the Very Young» (Todesnähe-Erlebnisse bei kleinen Kindern)* schildert Herzog das Erlebnis eines sechs Monate alten Mädchens, das mit einer schweren Erkrankung in die Intensivstation eingeliefert wurde. Sie bekam sofort eine fachgerechte Versorgung. Einschließlich Sauerstoffgaben zur Stabilisierung ihres Zustandes, so daß es ihr nach kurzer Zeit wieder besser ging.

Mehrere Monate später geriet dieses Mädchen jedoch in Panik, als ihre Geschwister sie ermunterten, durch einen Spielzeugtunnel in einem örtlichen Kaufhaus zu kriechen. Dr. Herzog, der die Angstreaktion des kleinen Mädchens als «Tunnel-Panik» diagnostizierte, berichtet, daß dieses Verhalten bei verschiedenen späteren Gelegenheiten erneut auftrat.

«Nach Angaben der Mutter» – so der Fallbericht – «sprach die kleine Patientin während dieser Vorfälle sehr

* Herzog: Near-Death Experiences in the Very Young. In: «Critical Care Medicine», Band 13, Nr. 12, S. 1074.

schnell, wurde von unangemessener Furcht überwältigt und schien den Tunnel bereits gut zu kennen. Mit dreieinhalb Jahren, als die Mutter ihr den herannahenden Tod der Großmutter erklärte, erwiderte das Kind: ‹Muß Oma durch den Tunnel im Kaufhaus, um zu Gott zu kommen?›»

Herzog räumt ein, daß das Vorstellungsbild des Tunnels dasselbe ist wie jenes, welches Erwachsene in Todesnähe erleben, vermeidet jedoch Aussagen über die Bedeutung dieser Episode. Statt dessen weist er darauf hin, wie wichtig sofortige tröstliche, verständnisvolle Unterstützung durch Ärzte oder Eltern bei kindlichen Todesnähe-Erlebnissen ist: «Hilft man dem Kind, seine Gefühle auszudrücken und seine Reaktionen auf frühere traumatisierende Ereignisse zu verstehen, so wird es fähig, frühere Ängste und alte Traumata zu überwinden.»

Dr. Melvin Morse vom Children's Orthopedic Hospital and Medical Center in Seattle hat ebenfalls eine Arbeit zu diesem Thema vorgelegt. Er berichtet über ein siebenjähriges Mädchen, das um Haaresbreite in einem öffentlichen Schwimmbad ertrunken wäre.

Morse sah das Mädchen zum erstenmal, als sie in die Notaufnahme gebracht wurde. Er gab ihr die nötigen Infusionen und schloß sie für drei Tage an eine Beatmungsmaschine an. Nach einer Woche wurde sie aus dem Krankenhaus entlassen.

Bei einer Nachuntersuchung zwei Wochen später rückte das Mädchen damit heraus, ein Todesnähe-Erlebnis gehabt zu haben. Auf die Frage, woran sie sich erinnere, antwortete sie, sie wisse nur noch, daß sie «mit dem himmlischen Vater gesprochen» habe. Dann wurde es ihr zu peinlich, noch weiter über ihr Erlebnis zu sprechen.

Eine Woche später befragte Morse sie erneut. Sie reagierte verlegen, als er auf ihr Todesnähe-Erlebnis zu sprechen kam, ließ sich dann aber doch auf ein Gespräch ein, weil «es ein schönes Gefühl ist, darüber zu reden». Sie wollte jedoch nicht, daß das Gespräch aufgezeichnet würde, und fing erst an zu sprechen, nachdem sie das Erlebte in gezeichneten Bildern dargestellt hatte. Hier ein Zitat aus Morses Studie:

«Die Patientin nannte als erste Erinnerung an ihr Beinahe-Ertrinken, sie sei ‹im Wasser gewesen›. Sie erzählte: ‹Ich war tot. Dann war ich in dem Tunnel, es war dunkel, und ich hatte Angst. Ich konnte nicht gehen.› Eine Frau namens Elizabeth sei erschienen, und der Tunnel habe sich erhellt. Die Frau sei groß gewesen und habe hellblondes Haar gehabt. Zusammen seien sie zum Himmel gegangen. Die Patientin sagte: ‹Im Himmel war es herrlich. Es war so hell, und es gab eine Menge Blumen.› Sie erwähnte, rings um den Himmel habe es eine Grenze gegeben, über die sie nicht hinwegschauen konnte. Sie habe viele Menschen getroffen, darunter ihre toten Großeltern, ihre verstorbene Tante mütterlicherseits und Heather und Melissa, zwei Frauen, die darauf warteten, wiedergeboren zu werden. Dann habe sie den ‹Himmlischen Vater und Jesus› gesehen, die sie gefragt hätten, ob sie auf die Erde zurückkehren wolle. Sie habe nein gesagt. Darauf habe Elizabeth sie gefragt, ob sie ihre Mutter wiedersehen wolle. Das habe sie bejaht und sei im Krankenhaus aufgewacht. Zum Schluß behauptete sie, sie habe mich in der Notaufnahme gesehen, ohne jedoch aus den drei Tagen, die sie im Koma gelegen hatte, weitere Einzelheiten nennen zu können.»*

Morse fragt auch nach den religiösen Überzeugungen

* Morse: A Near-Death Experience in a Seven-Year-Old Child. In: «The American Journal of the Disabled Child», Band 137, S. 959–961.

der Patienten. Als Mitglied der Religionsgemeinschaft der Mormonen hatte dieses Mädchen gelernt, daß die Erde nur eine Zwischenstation auf dem Weg in den Himmel sei. Man hatte sie gelehrt, daß sie eines Tages wieder mit ihren verstorbenen Verwandten vereint sein werde, also auch mit ihrer Tante, die zwei Jahre vor ihrem Fast-Ertrinkungstod gestorben war.

Die Mutter der Patientin hatte ihr erklärt, der Tod sei «wie das Abschiednehmen von Menschen auf einem Segelboot. Wir können nur bis an den Uferrand vortreten und ihnen zuwinken.» Die Seele sei wie ein Handschuh, so hatte man ihr erklärt, den man im Tod verliert und später im Himmel wiederbekommt.

Morse gibt zu, daß sich die Bestandteile des Sterbeerlebnisses seiner Patientin – das Zusammentreffen mit Jesus und mit gestorbenen Verwandten – nahtlos in ihre religiöse Erziehung einfügen. Er weist jedoch zugleich darauf hin, daß sich ihr Todesnähe-Erlebnis trotz ihrer religiösen Erziehung nicht von den Sterbeerlebnissen nichtreligiöser Menschen unterscheidet. Genau wie diese erlebte sie die Passage durch einen Tunnel, sah Lichtwesen, sprach mit einem göttlichen Wesen und sah den Himmel.

Wie andere Forscher auch zieht Morse daraus den Schluß, daß eine bestimmte religiöse Überzeugung zwar die Deutung des Erlebten, nicht aber das Kernerlebnis selbst verändert.

Weitere Erkenntnisse von Dr. Morse

Seit der Veröffentlichung des eben beschriebenen Falles im Jahr 1983 hat sich Dr. Morse weiter mit Todesnähe-Erlebnissen von Kindern beschäftigt.

1985 veröffentlichte er eine Studie mit dem Titel «Todesnähe-Erlebnisse in einer Patientengruppe der Kinderklinik». Er interviewte sieben Kinder, die zur Zeit ihres «kritischen Zustands» (das heißt, sie litten an Erkrankungen mit hoher Sterblichkeitsrate) drei bis sieben Jahre alt waren. Die Mehrzahl der Kinder hatte infolge schwerer Verletzungen oder durch Beinahe-Ertrinken einen Herzstillstand erlitten. Zusätzlich interviewte Dr. Morse Patienten derselben Altersgruppe, deren Zustand «ernst» (nicht unbedingt lebensbedrohlich) war. Diese Kinder hatten keine Todesnähe-Erfahrungen gemacht.

Die Kinder wurden erst mindestens zwei Monate nach der Krankenhausentlassung befragt. Sie befanden sich in Begleitung ihrer Eltern, die nach ihrer Ansicht über den medizinischen Krankheitsverlauf ihrer Kinder gefragt wurden. Dann wurden Eltern und Kindern offene Fragen nach den Erinnerungen des Kindes an seinen Krankenhausaufenthalt vorgelegt. Die Fragen lauteten zum Beispiel: «Hast du geträumt?» oder «Was weißt du noch von der Zeit, als du nicht bei Bewußtsein warst oder geschlafen hast?» Die Kinder wurden auch ermutigt, das Erlebte zu malen.

Kurz vor Abschluß des Interviews wurde den Kindern eine Reihe von «Ja-oder-Nein»-Fragen nach Anzeichen für Todesnähe-Erlebnisse gestellt, wie zum Beispiel: «Hast du einen Tunnel gesehen?» oder «Hast du ein Lichtwesen gesehen?»

Vier der sieben Kinder, die in kritischem Zustand gewesen waren, berichteten von Todesnähe-Erlebnissen. Zwei von ihnen gaben an, das Erlebnis habe ihnen inneren Frieden gegeben, zwei machten außerkörperliche Erfahrungen, eines sah einen hellen Tunnel, ein anderes eine dunkle Treppe. Zwei der Kinder sagten, das Lichtwesen habe sie gefragt, ob sie an diesem himmlischen Ort bleiben wollten, doch sie entschieden sich für die Rückkehr.

Einige Interviews waren verblüffend. Einer der Patienten, der auf dem Operationstisch an Herzstillstand «gestorben» war, erzählte seinen Eltern: «Ich muß euch ein wunderbares Geheimnis verraten. Ich war halb im Himmel.» Er sagte, er sei «auf einer dunklen Treppe hochgestiegen». Etwa auf halbem Weg habe er sich entschlossen zurückzukommen, denn er hatte einen jüngeren Bruder gehabt, der schon gestorben war, und nun habe er sich gedacht, er sei noch nicht so weit, zu ihm zu gehen, weil sonst seine Eltern einsam wären.

Aus dieser Untersuchung schloß Morse, daß Kinder so ziemlich dieselben Todesnähe-Erlebnisse haben wie Erwachsene. Auch hoffte er, seine Studie würde andere Ärzte darauf aufmerksam machen, daß «eine signifikante Zahl von Kindern in kritischem Zustand» Sterbeerlebnisse durchmacht. Außerdem ermutigte ihn die Untersuchung, einer weiteren faszinierenden Frage nachzugehen: Muß jemand dem Tod nahekommen, um ein Todesnähe-Erlebnis zu haben, oder kann es auch bei einer nicht lebensbedrohlichen Krankheit zu einem TNE kommen?

In seiner nächsten Untersuchung versuchte Dr. Morse diese Frage zu beantworten. Aus 202 Krankenblättern wurden elf Patienten herausgefiltert, die einen «kritischen Zustand» überlebt hatten, wobei dieser als Erkrankung mit einer Sterblichkeitsrate von mehr als zehn Prozent definiert wurde. Zugleich wurden 29 Patienten derselben Altersgruppe untersucht, die eine «ernste Erkrankung» (also eine Krankheit mit niedriger Sterblichkeitsrate) überstanden hatten.

In der zweiten Gruppe (ernste Erkrankung) hatte niemand ein Todesnähe-Erlebnis, während in der ersten Gruppe (kritischer Zustand) elf Personen TNE-Erinnerungen berichteten. Dazu gehörten außerkörperliche Erlebnisse (sechs Patienten), Eintritt in Dunkelheit (fünf), Friede oder sonstige positive Stimmung (drei), Zusammentreffen mit Menschen oder Wesenheiten in weißen Gewändern (drei), Visionen von Klassenkameraden oder Lehrern (zwei), Visionen von verstorbenen Verwandten (einer), Erreichen einer Grenze (einer), Durchgang durch einen Tunnel (vier) und Entschluß, in den Körper zurückzukehren (drei).

Die Interviews wurden in ähnlicher Weise durchgeführt wie in Dr. Morses Studie über Kinder und Todesnähe-Erlebnisse. Die Antworten fielen hier jedoch wesentlich aufschlußreicher aus. So zum Beispiel im Fall eines elfjährigen Jungen, der in der Eingangshalle eines Krankenhauses einen Herzstillstand erlitten hatte. Dazu heißt es in der Studie:

«Der Patient erinnert sich, daß er in der Halle des Krankenhauses war und auf einmal ein flaues Gefühl bekam, ‹wie wenn man im Auto über einen Hubbel fährt und der Magen einem wegsackt›. In seinen Ohren war ein ‹Sausen›, und er vernahm Gesprächsfetzen. Dann schwebte er an der Decke des Raumes und sah auf seinen Körper hinunter. Der Raum war düster, doch sein Körper wurde von einem sanften Licht erhellt. Er hörte eine Krankenschwester sagen: ‹Ich wünschte, wir brauchten das nicht zu machen›, und beobachtete die Bemühungen der Ärzte, Herz und Lunge wieder in Gang zu bringen. Der Patient sah, wie eine Schwester ihm ‹etwas auf den Körper schmierte› und dann ‹dem Doktor diese Gummidinger reichte›. Die Elektroden wurden an seinem Körper befestigt, und ‹als der Doktor auf den Knopf drückte, war ich auf einmal wieder in meinem Körper und schaute zu ihm hoch›.

Bei der Verabreichung des Elektroschocks spürte der Patient einen starken Schmerz. Wie er angibt, erlebte er die mit diesem Verfahren (elektrische Kardioversion, Normalisierung des Schlagrhythmus des Herzens) verbundenen Schmerzen in mehreren Alpträumen wieder.

Die bei der Wiederbelebung anwesenden Krankenschwestern geben an, daß der Patient danach die Augen öffnete und sagte: ‹Das war wirklich komisch! Erst schwebte ich über meinem Körper, und dann wurde ich in ihn zurückgesaugt.› Später konnte er sich an diese Bemerkung jedoch nicht mehr erinnern.»

Ein anderer der befragten Patienten erinnerte sich an ein ungefähr zwei Meter fünfzig großes Wesen, das ihn durch einen Tunnel führte. «Christus war es nicht», versicherte er Morse. «Aber es könnte vielleicht ein Engel gewesen sein, der mich zu ihm bringen sollte.»

Aus dem Material dieser Studie zog Morse die Schlußfolgerung, daß das Kernerlebnis der Todesnähe nur von Menschen erlebt wird, die einen kritischen Krankheitszustand überlebt oder eine lebensbedrohende Streßsituation zu verkraften haben.

«Ich sah mich als Erwachsenen»

In den letzten zwei Jahren habe ich angefangen, von Todesnähe-Erlebnissen betroffene Kinder zu fragen, wie alt sie währenddessen waren. Mit anderen Worten: Ist ihr spiritueller Körper der eines Kindes oder der eines Erwachsenen? Eine überraschend hohe Zahl antwortete, sie seien während des Erlebnisses Erwachsene gewesen, obwohl sie nicht angeben konnten, woher sie das wissen.

Wenn man annimmt, daß bei einem Todesnähe-Erlebnis der Geist seinen irdischen Körper verläßt, dann könnte das bedeuten, daß der Geist eine alterslose Entität ist, die einen ständig sich ändernden Körper bewohnt.

Hat er einen Körper verbraucht, geht er in eine andere Welt ein.

Eine andere mögliche Erklärung wäre, daß die Kinder sich in Gegenwart der Lichtgestalten so wohl fühlen, daß sie sich wie unter Gleichgestellten vorkommen. Das könnte sie auf den Gedanken bringen, sie seien ebenso alt wie diejenigen, denen sie während des Todesnähe-Erlebnisses begegnen.

Eine Frau berichtete mir ein Todesnähe-Erlebnis, das sie als Kind gehabt hat: «Es war etwa Mittag, ich war sieben Jahre alt und ging von der Schule heim zum Essen. Mitten auf der Straße war eine kleine Eisfläche, und ich lief hin, um ein wenig zu schlittern, wie Kinder es machen. Na, und als ich hinkam, glitt ich aus und schlug mit dem Kopf auf. Ich stand auf und ging drei Straßen weiter nach Hause, aber ich war nicht mehr fähig, zusammenhängend zu denken.

Meine Mutter fragte, was los sei, und ich sagte ihr, daß ich ausgerutscht sei und mir den Kopf gestoßen hätte. Sie gab mir ein Aspirin, aber als ich es nehmen wollte, konnte ich meinen Mund nicht finden.

Sie brachte mich sofort ins Bett und rief den Arzt. In dem Augenblick wurde ich ohnmächtig. Ich war insgesamt zwölf Stunden weg, und keiner wußte, ob ich leben oder sterben würde.

Ich kann mich natürlich an nichts von alledem erinnern. Ich weiß nur noch, daß ich in einem Garten voller großer Blumen aufwachte. Wenn ich sie beschreiben müßte, würde ich sagen, sie glichen großen, hohen Dahlien. Es war warm und hell in diesem Garten, richtig schön.

Ich schaute mich in dem Garten um und sah auf einmal dieses Wesen. Der Garten war zwar außergewöhnlich schön, aber gegenüber diesem Wesen verblaßte alles. Ich fühlte mich in seiner Gegenwart rundherum geliebt und gestärkt. Es war das wunderbarste Gefühl, das ich je gehabt habe. Und obwohl es schon einige Jahre her ist, kann ich es immer noch spüren.

Das Wesen sagte zu mir, ohne Worte: ‹Du willst also zurückgehen.› Und ich antwortete im gleichen Ton: ‹Ja.› Es fragte mich, warum ich in meinen Körper zurückkehren wolle, und darauf sagte ich: ‹Weil meine Mutter mich braucht.›

In dem Moment bewegte ich mich durch einen Tunnel abwärts, und das Licht wurde immer kleiner. Und als ich kein Licht mehr sehen konnte, wachte ich auf.

Ich stand auf und schaute herum und sagte: ‹Hallo, Mutter.›

Bei der Rückerinnerung an dieses Erlebnis ist mir klar, daß ich in Gegenwart jenes Wesens völlig ausgereift war. Wie gesagt, ich war erst sieben, aber ich weiß, daß ich erwachsen war.»

Durch das Fortschreiten der TNE-Forschung werden wir eines Tages herausfinden können, wie verbreitet dieses Phänomen ist.

Schlußfolgerung

In den Augen vieler Menschen deuten die Todesnähe-Erlebnisse von Kindern überzeugender auf ein Leben nach dem Tod hin als die Sterbeerlebnisse älterer Menschen. Das ist nicht schwer nachzuvollziehen. Ältere Menschen sind schon sehr viel länger von den in ihrem Leben gemachten Erfahrungen und von einer Fülle religiöser Glaubenssätze beeinflußt und geformt worden.

Kinder dagegen gehen mit einer gewissen Frische in ein Todesnähe-Erlebnis. Die Zeit war noch nicht so lang, daß sie von den kulturell geformten Vorstellungen, die immer stärker auf sie einstürmen, tiefgreifend beeinflußt wurden.

Klinisch gesehen liegt der wichtigste Aspekt von TNEs bei Kindern darin, daß sie ihnen Einblick in ein «jenseitiges Leben» geben und daß sie Folgen für deren weiteres Leben haben. Die Kinder, die Todesnähe-Erlebnisse gehabt haben, sind glücklicher und hoffnungsvoller als die Menschen in ihrer Umgebung. Ihre Sterbeerfahrungen deuten noch klarer als die von Erwachsenen darauf hin, daß Todesnähe-Erlebnisse das Leben eines Menschen positiv verändern.

Kapitel 4

Warum uns Todesnähe-Erlebnisse faszinieren

Bisher haben wir uns mit den Auswirkungen von Todesnähe-Erlebnissen auf die unmittelbar Betroffenen beschäftigt. Aber wie wirken sie sich eigentlich auf die Umgebung der Rückkehrer aus? Und warum ist die Öffentlichkeit vom Todesnähe-Phänomen so fasziniert?

Als ich vor mehr als zehn Jahren mein Buch «Leben nach dem Tod» schrieb, hätte ich, ehrlich gesagt, nicht erwartet, daß man sich in der Öffentlichkeit so lange und ausgiebig für das Todesnähe-Phänomen interessieren würde. Ich hielt es für eines jener Themen, die in den Forschungslabors und Mediziner-Hörsälen verschwinden und dachte, es würde nur ans Licht kommen, wenn ein Patient ein Todesnähe-Erlebnis hat und Erklärungen und Beratung braucht.

Doch obwohl es für das Phänomen der Todesnähe noch nicht unbedingt genauere Erklärungen gibt, ist in der Öffentlichkeit das Interesse daran bis heute unablässig gewachsen. Bei den verschiedenen Konferenzen und öffentlichen Versammlungen, an denen ich teilnehme, wollen die Menschen immer noch grundlegende Dinge über Todesnähe-Erfahrungen wissen:

□ Waren die Betroffenen wirklich tot?

□ Wofür halten die Betroffenen ihren Körper?
□ Bestätigt das Todesnähe-Erlebnis religiöse Anschauungen?
□ Gibt es Todesnähe-Erlebnisse in der Literatur?
□ Wie sind Todesnähe-Erfahrungen im Krieg zu erklären?
□ Können Todesnähe-Erfahrungen Trauernden Hoffnung bringen?
□ Wie wirken sich Todesnähe-Erfahrungen bei Suizidversuchen aus?
□ Könnte der Nachweis von Todesnähe-Erfahrungen wissenschaftliche Lehrmeinungen umstürzen?
□ Fesseln uns Todeserlebnisse einfach deshalb, weil sie neu und «in Mode» sind?

In diesem Kapitel möchte ich diese Fragen nach bestem Vermögen beantworten. Zuvor möchte ich jedoch noch zeigen, warum die Todesnähe für die Lebenden oft beunruhigender sein kann als der Tod selbst.

Vor sieben Jahren berichtete mir ein Psychiater von einem Zwischenfall, den er auf dem Rückflug von Indien in die Vereinigten Staaten beobachtet hatte.

Als das Essen serviert wurde, brach ein Passagier zusammen. An Bord waren mehrere Ärzte, die ihm zu Hilfe kamen. Doch obwohl sie alles versuchten, um ihm zu helfen, starb der Mann allem Anschein nach.

Die Leiche wurde in Decken eingehüllt und im Seitengang hingelegt. Schon bald legte sich die lebhafte Neugier der übrigen Passagiere, und – unglaublich, aber wahr – sie fuhren mit dem Essen fort.

Nach einigen Minuten bemerkten die Passagiere, die in der Nähe der Leiche saßen, zuckende Bewegungen unter den Decken. Sie riefen noch einmal die Ärzte, die herbeieilten und den Mann dieses Mal reanimieren konnten. Er überlebte.

Dem Psychiater fiel nun auf, daß niemand weiteraß. Als er die Umsitzenden fragte, stellte sich heraus, daß das Zurückkehren vom Tod die Menschen im Flugzeug stärker erschreckte als der offenbar leichter zu akzeptierende Zustand des «richtigen» Totseins.

Die Botschaft ist eindeutig: Unser Leben lang grenzen wir Dinge gegeneinander ab. Wir sind viel eher bereit, uns mit dem Tod zu beschäftigen als mit einer offensichtlichen Rückkehr aus dem Tod. Für uns gehört ein Phänomen entweder auf die eine Seite unserer geistigen Grenzlinie oder auf die andere. Denken wir zum Beispiel an die Unterschiede zwischen Jungen und Mädchen, die wir als Kind erklärt bekamen. Treffen wir später Menschen, die die Grenze zwischen den Geschlechtern überschritten haben, sei es als Transsexuelle oder als Transvestiten, sind wir oft tief verunsichert.

Wir halten «ein Körper, ein Selbst» für eine naturgegebene Tatsache. Hören wir dann von *mehrfachen Persönlichkeiten* wie in dem bekannten Fall von Dr. Jekyll und Mr. Hyde, werden unsere geistigen Barrieren durch den Gedanken bedroht, in einem Körper könne mehr als ein Selbst wohnen.

Wir lernen, daß Mensch und Tier grundverschiedene Wesen sind. Findet man jedoch Kinder, die von Wölfen oder Affen aufgezogen wurden, dann werden unsere Unterscheidungen in Frage gestellt, und wir sind verwirrt. Das gleiche gilt für die Faszination, mit der wir Erscheinungen wie siamesische Zwillinge oder den «Elefantenmann» betrachten. Sie stellen unsere Überzeugung, wie es auf der Welt zugehen sollte, in Frage und lassen uns an den Werten zweifeln, die wir bisher für wahr gehalten haben.

Der Zusammenhang dieser Überlegungen mit der Frage, warum wir von Todesnähe-Erlebnissen so gefesselt sind, dürfte klar sein.

Die Grenze zwischen Leben und Tod ist die beängstigendste von allen. Wir lernen, daß der Tod etwas ist, dem wir aus dem Weg gehen müssen. Wir versuchen, den Gedanken an den Tod aus unserem Bewußtsein zu verbannen, und begreifen den Sinn des Sterbens meist nur langsam.

Todesnähe-Erlebnisse stellen die Unterscheidung zwischen Leben und Tod in Frage. Ich habe die Faszination in den Gesichtern der Zuhörer beobachtet, wenn jemand ein Todesnähe-Erlebnis erzählt. Es scheint, als könnten viele sich nie an den Gedanken gewöhnen, daß ein Mensch, der vor ihnen steht, nicht nur «von den Toten zurückgekehrt ist», sondern auch in eine geistige Welt geblickt hat, die viele als jenseitiges Leben betrachten.

Sind Menschen in Todesnähe wirklich tot?

Nach einem meiner Vorträge über meine Arbeit kam eine ältere Frau aus dem Publikum zu mir. Sie sagte, sie habe vor ungefähr einem Jahr ihren Mann verloren. Er sei an einem Herzinfarkt gestorben, nachdem die Ärzte einige Zeit versucht hätten, ihn wiederzubeleben. Da die Frau nun von Rückkehrern aus Todesnähe gehört hatte, die nach Herzinfarkten wiederbelebt worden waren, brannten ihr zwei Fragen auf der Seele: Hatten die Ärzte ihren Mann zu schnell aufgegeben? Und: Wie nahe am Tod waren Rückkehrer aus Todesnähe?

Ihre erste Frage umging ich geflissentlich. Da ich nicht dabeigewesen war, sagte ich, könne ich unmöglich wissen, ob bei der Wiederbelebung ihres Mannes alles Menschenmögliche versucht worden sei.

Die zweite Frage – «Sind Rückkehrer wirklich tot gewesen?» – ist schwer zu beantworten. Oft werden Reanimationsmaßnahmen gestoppt, weil die Ärzte keine Lebenszeichen mehr entdecken können. In anderen Fällen zeigt der ans Gehirn angeschlossene EEG-Kurvenschreiber nur noch gerade Linien, was bedeutet, daß es kein nachweisbares Zeichen für Hirnaktionsströme mehr gibt. Manchmal jedoch kehren diese Menschen wieder zurück, ohne daß irgendein Mediziner erklären könnte, warum.

Nach der klassischen Definition ist der Tod der Zustand, aus dem wir nicht zurückkehren. Er ist von vornherein als nicht umkehrbar definiert. Da alle Menschen, die die Todesnähe erlebt haben, zurückgekommen sind, waren sie folglich noch nicht wirklich tot. Es waren jedoch verschiedene Kriterien für das Eintreten des Todes erfüllt. Beispielsweise hörte das Herz eine Zeitlang auf zu schlagen, oder die Atmung setzte aus. Es gibt sogar Fälle, wo die Hirnaktionsströme aufhören und spontan wieder einsetzen. Einige Patienten, bei denen eine Hypothermie (abnormes Absinken der Körpertemperatur) eintritt, zeigen keine Hirnaktionsströme, bis es zu erneuter Erwärmung kommt.

Rückkehrer aus Todesnähe waren dem Tod zwar sehr nahe, aber – der Definition nach – eben doch noch nicht ganz dort. Häufig rütteln die Umstände ihres «Sterbens» an der Fünf-Minuten-Regel, der zufolge es bei einem Herzstillstand von mehr als fünf Minuten sinnlos ist, mit Reanimationsbemühungen fortzufahren, da das Gehirn einen nicht wiedergutzumachenden Sauerstoffmangel erlitten hat. Die neuesten Wiederbelebungsverfahren machen es jedoch nötig, diese Faustregel zu überprüfen.

Ein Mann, den ich kenne, erlitt bei einem Autounfall schwere Verletzungen und wurde in die Notaufnahme eines Krankenhauses gebracht, wo er für «tot bei Eintreffen» erklärt wurde.

Die Leiche wurde auf eine Bahre gelegt und in eine

durch Vorhänge abgeteilte Ecke des Notaufnahme-Saals geschoben, wo sie stehengelassen wurde, während die Ärzte darangingen, die übrigen Unfallverletzten zu versorgen. Als ein Wärter die Leiche später wegrollen wollte, zuckte sie auf einmal!

Obwohl er keine Lebenszeichen wie Herzschlag oder Pupillenreflex mehr gezeigt hatte, war dieser Mann noch am Leben und ist es bis heute.

Ein anderer Bekannter von mir trägt seinen eigenen Nachruf mit sich herum. Er war ins Krankenhaus eingeliefert, für tot erklärt und mit einem Laken bedeckt ins Leichenschauhaus gebracht worden. Erstaunlicherweise kam er einige Stunden darauf spontan wieder zu sich.

All diese Dinge zeigen, daß wir über die Physiologie des Sterbens vieles noch nicht wissen. Streng genommen waren Rückkehrer aus Todesnähe also niemals wirklich tot, doch sie sind dem Tod näher gekommen als die meisten von uns.

Wie sehen Rückkehrer aus Todesnähe ihren Körper?

Ein Todesnähe-Erlebnis verändert bei vielen Menschen die Einstellung zu ihrem Körper. Die Mehrzahl der Betroffenen, mit denen ich gesprochen habe, sieht den eigenen Körper nun als Wohnung des Geistes. Was ihre Umwelt oder gar fremde Leute über ihre Erscheinung denken, ist ihnen nun viel weniger wichtig.

So führte zum Beispiel eine Frau, die heute zu meinen besten Freunden gehört, ein ganz normales Leben, bis sie bei einer Gallenoperation an einem Herzstillstand «starb». Mehr als zwanzig Minuten lang versuchte der operierende Arzt, ihr Herz wieder in Gang zu bringen, bis er schließlich aufgab und einer Schwester befahl, den Totenschein auszufüllen. Ein Aufflackern ihrer Lebensgeister ermutigte ihn zu einem erneuten Wiederbelebungsversuch, bis ihr Herz endlich wieder zu schlagen anfing.

Während der Wiederbelebungsversuche erlebte diese Frau die Loslösung von ihrem Körper und beobachtete Arzt und Schwestern dabei, wie sie sie wieder ins Leben zurückholen wollten. Sie selber stieg durch einen Tunnel in eine lichte, von Liebe erfüllte Welt, wo ihr alle Ereignisse ihres Lebens mit sämtlichen Einzelheiten noch einmal dargeboten wurden. Sie traf Verwandte und Freunde, die vor Jahren gestorben waren, und konnte frei entscheiden, ob sie zurückkehren oder dableiben wollte. So schwer ihr diese Entscheidung wurde, entschloß sie sich doch, in ihr gegenwärtiges Leben zurückzukehren, ihrer Tochter und ihrem Mann zuliebe.

Seit dieser Operation vor mehr als zehn Jahren ist diese Frau gesundheitlich ständig angeschlagen. Sie leidet unter Diabetes und chronischen Wirbelsäulenbeschwerden, die wegen Verwachsungen verschiedene Operationen und andere Maßnahmen erforderlich machten.

Dennoch habe ich diese Frau, solange ich sie kenne, noch kein einziges Mal über ihr Leiden und ihre Schmerzen klagen hören. Obwohl sie zeitweise viel ertragen muß, bleibt sie immer strahlend heiter.

Vor kurzem erfuhr ich, daß sie die Einschränkungen durch ihren gebrechlichen Körper noch weiter besiegt hat: Sie besuchte einen Vergnügungspark und machte überall mit, sogar auf der Looping-Achterbahn! Für mich war das ein Sinnbild für ihren Glauben an ein Leben nach dem Tod.

Viele Menschen, die in Todesnähe ein «out of body»-(Ausleibigkeits-)Erlebnis haben, erkennen den zurückgelassenen Körper nicht mehr als ihren eigenen. Viele Betroffene haben mir gesagt, vor diesem Erlebnis hätten sie ihren Körper gewohnheitsmäßig erkannt, weil sie sich im Spiegel und auf Fotos gesehen hätten. Nach der Rückkehr aus Todesnähe würden sie ihren Körper nun ganz anders sehen.

Eines der denkwürdigsten Beispiele für diesen Wandel lieferte mir ein Psychiater, der ein Todesnähe-Erlebnis gehabt hatte. «Im Leben denkt man immer, man weiß, wie man aussieht. Aber wenn man den eigenen Körper verläßt und ihn von außen sieht, weiß man tatsächlich erstmal überhaupt nicht, welcher von diesen vielen Körpern auf der Welt einem selbst gehört.»

Während eines Sterbeerlebnisses wanderte dieser Psychiater durch ein Militärkrankenhaus und suchte Reihen von Krankenbetten nach seinem eigenen Körper ab, weil er nicht erkannte, welches seiner war. Er hatte zuvor seinen Körper und das Lazarett verlassen und versucht, nach Hause zu gehen. Doch als ihm klar wurde, daß ihn niemand sehen oder hören konnte, kehrte er um und suchte nach seinem Körper.

Er suchte verzweifelt, bis er endlich an seinem Ring entdeckte, daß dieser Körper seiner sein mußte.

Ein anderer Mann, den ich kenne, fiel von einem Gerüst auf Hochspannungsdrähte. Durch Verbrennungen verlor er beide Beine und einen Teil eines Arms. Im Operationssaal hatte er ein Ausleibigkeitserlebnis. Während er auf seinen Körper hinuntersah, kam ihm als erstes der Gedanke: «So ein armer Kerl!» Er erkannte den Körper auf dem Tisch nicht als seinen eigenen. Als ihm endlich klar wurde, daß dieser übel zugerichtete Körper sein eigener war, wurde ihm zugleich etwas Merkwürdiges bewußt: sein spiritueller Körper war in keiner Weise beschädigt.

Viele Behinderte, die Todesnähe-Erlebnisse haben, stellen fest, daß ihre Behinderung nicht mehr vorhanden ist.

In der spirituellen Welt sind sie heile und außerordentlich bewegliche Wesen. Nach meiner Erfahrung hilft ein Sterbeerlebnis Behinderten, ihre Behinderung bereitwilliger zu akzeptieren.

Obwohl Todesnähe-Erlebnisse viele Menschen dazu bringen, ihren Körper als Wohnung des Geistes anzusehen, heißt das nicht, daß sie danach waghalsig würden. Sie zeigen nicht die Tollkühnheit von Fallschirmspringern oder Bergsteigern. Wenn Rückkehrer aus Todesnähe überhaupt anders mit ihrem Körper umgehen als vorher, dann, indem sie besser auf ihn achten.

Das Todesnähe-Erlebnis als Bestätigung religiöser Überzeugungen

Manche Forscher glauben, Todesnähe-Erlebnisse entstünden durch den starken Glauben an Gott und das Jenseits. Tatsächlich kommen sie jedoch bei Nichtgläubigen ebenso häufig vor wie bei Gläubigen.

Im Lauf der Jahre habe ich Betroffene mit sehr unterschiedlichen religiösen Überzeugungen gefunden. Manche Menschen sagen mir, vor ihrem Todesnähe-Erlebnis hätten sie nicht an Gott geglaubt; andere beteuern, sie seien tief gläubig gewesen.

Das Interessante ist, daß Menschen unterschiedlicher Überzeugung sich nach einem Todesnähe-Erlebnis gleich verhalten: Menschen, die zuvor nicht praktizierende Gläubige waren, sagen mir nach dem Erlebnis, sie glaubten an Gott und hielten das Spirituelle in Ehren – genau wie diejenigen, die auch zuvor schon an Gott glaubten.

Beide Gruppen zeigen eine Wertschätzung des Religiösen, die über die engen Grenzen der meisten Kirchen hinausgeht. Das Todesnähe-Erlebnis zeigt ihnen, daß in puncto Religion nicht eine «rechtgläubige» Gruppe verschiedenen «irrgläubigen» Richtungen gegenübersteht. Die Betroffenen nehmen aus ihrem Sterbeerlebnis die Überzeugung mit, daß es in der Religion um die Fähigkeit zu lieben geht – und nicht um Lehrmeinungen und Konfessionen. Kurz, sie glauben, daß Gott viel großherziger ist, als sie vorher dachten, und daß es nicht auf die Zugehörigkeit zu dieser oder jener Konfession ankommt.

Ein gutes Beispiel hierfür bietet eine ältere Frau aus New Hampshire, die nach einem Herzstillstand ein Todesnähe-Erlebnis durchmachte. Sie war von Kindheit an eine strenggläubige Lutheranerin gewesen, doch nach dem Todesnähe-Erlebnis wurde sie sehr viel lockerer und ein fröhlicherer Mensch. Als ihre Familienangehörigen sie fragten, woher dieser Persönlichkeitswandel komme, antwortete sie bloß, durch ihr Erlebnis habe sie ein klareres Bild von Gott und wisse, daß er sich um kirchliche Dogmen überhaupt nicht schere.

Viele Religionen überall auf der Welt anerkennen Todesnähe-Erlebnisse als Pforte zur spirituellen Sphäre. Das gilt zum Beispiel auch für die Kirche der Heiligen der Letzten Tage, besser bekannt als die Mormonen.

Der mormonische Glaube bestätigt das Todesnähe-Erlebnis als einen Blick in das Reich des Göttlichen. Dies ist eine geistliche Dimension, die von den Lebenden noch nicht wahrgenommen wird. In ihr halten sich diejenigen auf, die ihren physischen Körper verlassen haben.

Im «Journal of Discourses», einem von Kirchenältesten verfaßten Kommentar zu den Glaubenssätzen der Mormonen, heißt es, der spirituelle Körper behalte die fünf Sinne des physischen Körpers (Sehen, Hören, Tasten, Geschmack und Geruch), verfüge aber zugleich über «gesteigerte Fähigkeiten» und das Vermögen, viele verschiedene Dinge gleichzeitig zu denken. Er bewege sich blitzschnell, sehe in verschiedene Richtungen und könne sich nicht nur sprachlich, sondern außerdem auf viele andere Arten verständigen. Der spirituelle Körper kenne keine Behinderungen oder Krankheiten.

Nach Überzeugung der Mormonen tritt der Geist bei der Geburt in den Körper ein und verläßt ihn beim Sterben. Den Tod definieren sie als «bloßen Übergang von einer Seinsebene oder -sphäre zur nächsten».

«Wir werden uns umdrehen, zurückschauen (über das Tal des Todes) und uns sagen, nachdem wir hindurchgegangen sind: Wahrhaftig, gerade habe ich den größten Schritt meines Lebens getan, denn aus Sorgen, Kummer, Trauer, Leid, Not, Schmerz, Angst und Enttäuschung bin ich in eine Seinsform gekommen, wo ich das Leben ganz auskosten kann, soweit es ohne Körper möglich ist.»

Führende Kirchenmänner der Mormonen haben viele Merkmale von Todesnähe-Erlebnissen beschrieben. Einer von ihnen erklärt: «Unsere zukünftige Heimstatt ist von unsagbarer Helligkeit und Pracht», was dem Eintauchen in wohltuendes Licht entspricht. Ein anderer sagt: «Dort wie hier werden alle Wesen natürlich sein, und ihr werdet sie verstehen, wie ihr jetzt natürliche Wesen versteht», was zu den Berichten vieler Rückkehrer paßt, die eine Art universelles Verstehen erlebt haben.

Die Erfahrung, Verwandte und Freunde nach dem Tod wiederzutreffen, wird durch das «Journal of Discourses» gestützt.

«Wir haben drüben mehr Freunde als hier, und sie werden uns freudiger empfangen, als wir in dieser Welt von unseren Eltern und Freunden jemals empfangen worden sind, und über das Wiedersehen mit ihnen werden wir mehr frohlocken, als wir über das Wiedersehen mit einem Freund in diesem Leben je frohlockt haben.»

Einige Mormonenführer sind der Ansicht, daß «manche

Geister, die den Tod erlebt haben, zurückgerufen werden, um weiter in ihrem physischen Körper zu wohnen. Diese Menschen gehen zweimal durch den natürlichen oder irdischen Tod.»

Vielleicht eines der berühmtesten Todesnähe-Erlebnisse der Mormonen hatte Jedediah Grant. Der Mormonenführer Heber Kimball hat es für das «Journal of Discourses» aufgeschrieben:

«Er sagte zu mir: Bruder Heber, ich war in der geistlichen Welt, zwei Nächte hintereinander, und der größte Schrecken, den ich je erlebt habe, war, in meinen Körper zurückkehren zu müssen. Aber ich durfte nicht bleiben.»

Grant wollte nicht zurück, weil er in der geistlichen Welt seiner verstorbenen Frau und vielen Freunden begegnet war.

«Er sah seine Frau. Sie war die erste Person, die zu ihm kam. Er sah noch viele andere Bekannte, sprach aber mit niemand außer seiner Frau Caroline. Sie kam zu ihm, und er sagte ihr, daß sie schön aussehe. Sie trug ihr kleines Kind, das in der Prärie gestorben war, auf dem Arm, und sagte zu ihm: ‹Herr Grant, hier ist die kleine Margaret. Wie Ihr wißt, wurde sie von den Wölfen zerrissen, aber es hat ihr nicht weh getan. Seht her, sie ist unversehrt!›»

Auch in der Bibel wird das Leben nach dem Tod erwähnt, als Paulus beschreibt, was für einen Körper wir in der anderen Welt haben werden.

1. Korinther 15, 35:

«Möchte aber jemand sagen: Wie werden die Toten auferstehen, und mit welcherlei Leibe werden sie kommen?

36. Du Narr: Was du säest, wird nicht lebendig, es sterbe denn.

37. Und was du säest, ist ja nicht der Leib, der werden soll, sondern ein bloßes Korn...

38. Gott aber gibt ihm einen Leib, wie er will, und einem jeglichen von den Samen seinen eigenen Leib.

40. Und es sind himmlische Körper und irdische Körper; aber eine andere Herrlichkeit haben die himmlischen und eine andere die irdischen.

42. Also auch die Auferstehung der Toten. Es wird gesät verweslich, und wird auferstehen unverweslich.

43. Es wird gesät in Unehre, und wird auferstehen in Herrlichkeit. Es wird gesät in Schwachheit, und wird auferstehen in Kraft.

44. Es wird gesät ein natürlicher Leib, und wird auferstehen ein geistlicher Leib. Ist ein natürlicher Leib, so ist auch ein geistlicher Leib.

51. Siehe, ich sage euch ein Geheimnis: Wir werden nicht alle entschlafen, wir werden aber alle verwandelt werden;

52. und dasselbe plötzlich, in einem Augenblick, zur Zeit der letzten Posaune. Denn es wird die Posaune schallen, und die Toten werden auferstehen unverweslich...»*

Das Todesnähe-Erlebnis in der Literatur

Es gibt zwar ein ganzes literarisches und filmisches Genre, das sich mit der Rückkehr von den Toten befaßt. Leider ist die Mehrzahl dieser Beispiele jedoch der Horrorsparte zuzurechnen, in der die Toten in böser Absicht in das Land der Lebenden zurückkehren.

Auch bei Todesnähe-Erlebnissen kommt es zu einer Art

* Luther-Bibel: Württembergische Bibelanstalt, Stuttgart 1939.

«Rückkehr von den Toten», doch sind die Folgen ganz anders als in Vampirgeschichten oder *Frankenstein*. Todesnähe-Erlebnisse wirken nicht destruktiv, sondern fast immer wohltuend. Sie sind nicht düster und schrecklich, sondern bringen Hoffnung und Frieden.

In der Literatur finden sich verschiedene Beispiele von Todesnähe-Erlebnissen. In Charles Dickens' «Ein Weihnachtslied in Prosa»* wird durch eine Art Todesnähe-Erlebnis aus dem geizigen, menschenverachtenden Witwer Ebenezer Scrooge «ein so guter Freund, ein so guter Prinzipal» und ein so guter Mensch, «wie die gute, alte City» und die ganze Welt «nur je einen gesehen hat».

In dieser klassischen Geschichte erscheinen dem Geschäftsmann Scrooge drei Geister – der Geist der vergangenen, gegenwärtigen und künftigen Weihnacht. Sie führen ihm sein vergangenes und zukünftiges Leben vor, in einer Art vorweggenommener Lebens«rück»schau, die bis an sein Grab reicht.

Scrooge wird durch das, was die drei Lichtgestalten ihm zeigen, ein anderer Mensch. Er bereut zutiefst, seinen Mitmenschen nicht mehr Liebe gegeben zu haben. Nach diesem Erlebnis ist er völlig verwandelt. Er will nun anderen Mitgefühl zeigen, um sein bisheriges Leben wiedergutzumachen.

Auch in Victor Hugos wunderbarem Roman «Die Elenden»** gibt es Hinweise auf Todesnähe-Erlebnisse. Die Hauptfigur des Buchs, Jean Valjean, wird sein Leben lang von einem Polizisten verfolgt, weil er aus dem Gefängnis

* Charles Dickens: Ein Weihnachtslied in Prosa. Eine Geistergeschichte vom Christfest. Aus dem Englischen von Joachim-Friedrich Ritter. Aus: Die schönsten Erzählungen der Welt. Kurt Desch, München 1956. S. 263.
** Victor Hugo: Die Elenden. Aus dem Französischen von Hugo Meier. Manesse Verlag, Zürich 1968.

ausgebrochen ist. Er war eingesperrt worden, weil er einen Laib Brot für das hungernde Kind seiner Schwester gestohlen hatte.

Valjean ist sein Leben lang sehr gütig. Er nimmt sich unter anderem einer verhungernden, schwangeren Frau namens Fantine an. Von ihrem Tod heißt es: «Jean Valjean nahm den Kopf Fantines in beide Hände und bettete ihn auf das Kissen, wie eine Mutter es mit ihrem Kind getan hätte... Dann drückte er ihr die Augen zu. Fantines Gesicht schien nun sonderbar verklärt. Der Tod ist eben das Eintreten in die große Helligkeit.» (S. 357)

Das Sterben Valjeans schildert Victor Hugo so: «Jean Valjean verfiel zusehends. Er neigte sich immer tiefer dem dunklen Horizont zu... Das Licht der unbekannten Welt leuchtete bereits in seinen Augen.» (S. 1324)

Und Valjeans letzte Worte: «Liebet euch immer. Es gibt sonst nicht viel auf der Welt, als einander zu lieben... Ich sehe ein Licht... Ich sterbe glücklich.» (S. 1326).

Im ersten Kapitel habe ich die Äußerungen der Schriftstellerin Katherine Anne Porter aus einem Interview zitiert, in dem sie ihre Begegnung mit dem Leben nach dem Tod schildert. Nach ihrer beinahe tödlich verlaufenen Grippe-Infektion schrieb sie die Erzählung «Fahles Pferd, fahler Reiter»*, die gegen Ende des Ersten Weltkriegs spielt. Die Hauptfigur, Miranda, begegnet langverstorbenen Verwandten: «Gemächlich schwebend wie Wolken kam eine große Schar menschlicher Wesen durch die schimmernde Luft auf sie zu, und mit freudiger Verwunderung sah Miranda, daß es alle lebenden Menschen waren, die sie gekannt hatte. Ihre Gesichter waren, jedes in seiner eigenen

* Katherine Anne Porter: Fahles Pferd, fahler Reiter. Erzählungen. Aus dem Amerikanischen von Helga Huisgen. Klett-Cotta, Stuttgart 1986. S. 204.

Schönheit, verklärt, viel schöner noch, als sie sie in Erinnerung hatte, ihre Augen blickten klar und ungetrübt wie ein schöner Tag, und sie warfen keine Schatten. Sie waren die reine Verkörperung ihrer Wesen, und sie erkannte jeden Einzelnen von ihnen, ohne sie mit Namen anzusprechen oder sich ihrer eigenen Beziehung zu ihnen zu entsinnen. Ruhig gleitend umringten sie Miranda, auf leisen Sohlen, und wandten dann die verzückten Gesichter wieder dem Meer zu, und sie bewegte sich zwischen ihnen so mühelos wie eine Welle unter vielen.»

Es gibt noch viele andere Todesnähe-Erlebnisse in der Literatur, von den Briefen Ernest Hemingways bis zu den Romanen Thornton Wilders. Todesnähe-Erlebnisse als solche gehören zur Literatur. Sie sollten nicht mit jener aufregenden, aber davon völlig verschiedenen Kategorie der Horrorgeschichten in einen Topf geworfen werden.

Todesnähe-Erlebnisse im Krieg

Manchmal geraten Menschen in einen gehobenen Seinszustand, auch ohne Verletzungen erlitten zu haben. In einer lebensgefährlichen Situation – das beste Beispiel ist der Nahkampf – bemerken sie auf einmal, daß sich ihre Wahrnehmung völlig verändert.

Manche halten dieses Erlebnis fälschlicherweise für eine Todesnähe-Erfahrung. Und kommen dann zu der logischen Frage: Wie kann es bei jemandem zu einem Todesnähe-Erlebnis kommen, der weder krank noch schwer verletzt ist?

Meine Antwort ist: Der Betreffende hatte gar kein Todesnähe-Erlebnis. Diese intensiven Erlebnisse weisen ganz einfach nicht die Komponenten eines TNE auf. Elemente wie der Durchgang durch einen Tunnel und der

Eintritt in eine wunderschöne Welt aus Licht wurden bei den sogenannten Fronterlebnissen nicht erwähnt. Meist bringen diese einen blitzartigen Rückblick auf Lebensereignisse des Betroffenen und das Empfinden, daß sich das augenblickliche Geschehen verlangsamt. Wie das folgende Beispiel zeigt, kommt manchmal auch ein Ortswechsel vor, wahrscheinlich, um der unangenehmen Situation zu entgehen. Der ekstatische Zustand der Todesnähe-Erlebnisse tritt hier nicht auf, doch sicher sind die Übergänge zwischen diesen beiden Ausnahme-Erlebnissen fließend.

Hier ein Fronterlebnis, das mir ein ehemaliger Soldat vom Zweiten Weltkrieg berichtete:

«Es war in Sizilien, während der Invasion Italiens. Mein Zug marschierte durch ein Feld, als wir auf einen deutschen Maschinengewehr-Trupp stießen. Da ich Zugführer war, hielt ich es für meine Aufgabe, den feindlichen Trupp auszuschalten, damit wir weiter vorrücken konnten.

Ich schlug einen großen Bogen, wobei ich einen Obstgarten als Deckung benützte. Nach ungefähr einer halben Stunde war ich um das Feld herumgelaufen, so daß ich im Rücken der Deutschen herauskam. Ich war wie berauscht. Sie waren zu dritt in diesem Erdloch, das genau auf der mir gegenüberliegenden Seite einer Brücke lag. Sie waren so beschäftigt, unseren Zug abzuwehren, daß keiner hinter sich schaute.

Ich hätte wahrscheinlich bis auf zwei Schritt an sie herangehen können, und sie hätten mich nicht bemerkt. Ich überlegte mir diese Möglichkeit, entschloß mich aber, von der Höhe der Brücke eine Handgranate zu werfen.

Ich entsinne mich noch, wie ich den Stift herauszog und mich bereit machte, um die Granate aus etwa 20 Meter Entfernung zu werfen. Ich holte aus und schrie, unmittelbar bevor ich die Granate in ihr Schützenloch schleuderte: «Da! Ihr Trottel!» Dann schmiß ich mich auf den Boden und wartete... und wartete und wartete. Die Granate ging nicht los. Es war ein Blindgänger, ich hätte genausogut einen Stein werfen können.

Bevor ich irgend etwas tun konnte, richteten sie ihr Maschinengewehr auf mich und fingen an zu feuern. Ich rollte mich zusammen und wartete, daß sie mich treffen würden, aber nichts geschah. Vielleicht deckte mich der Brückenanstieg, vielleicht war es einfach Glück, auf jeden Fall trafen sie mich nicht.

Aber es geschah etwas Merkwürdiges. Während ich dalag, verließ ich plötzlich meinen Körper – und auch Sizilien, um genau zu sein. Ich ‹reiste› zu einer Munitionsfabrik in New Jersey, wo ich über einem Fließband schwebte, an dem Frauen Handgranaten zusammensetzten. Ich versuchte, mit ihnen zu reden und sie zu gewissenhafterer Arbeit zu ermahnen, aber sie wollten nicht hören, sondern schwatzten munter weiter.

Meinem Gefühl nach war ich ungefähr fünfzehn bis zwanzig Minuten dort. Dann war ich auf einmal wieder in Italien und lag, immer noch am Leben, oben auf der Brücke. Inzwischen hielten die Deutschen mich für tot und hatten ihr MG wieder herumgedreht. Ich stand auf, zündete eine zweite Handgranate und schleuderte sie in ihr Schützenloch. Diesmal ging sie hoch.

Die Männer meines Zugs hatten das Ganze beobachtet und gedacht, ich sei tot, deshalb staunten sie jetzt nicht schlecht, als sie mich herumlaufen sahen. Ich nahm dieses Erlebnis sehr gelassen hin, so gelassen, daß der Kompaniechhef mich zum Psychiater schickte. Ich erzählte ihm, was geschehen war, daraufhin schickte er mich als voll diensttauglich wieder ins Gefecht.

Er sagte mir, Ähnliches habe er schon von anderen

Männern gehört. Ich solle dieses Erlebnis für mich behalten, damit sie mich nicht noch einmal zu ihm schickten. Und das tat ich dann auch.»

Dieses Erlebnis unterscheidet sich deutlich von den bisher erwähnten Todesnähe-Erfahrungen und sollte nicht damit verwechselt werden. Es wäre gut, wenn diese Art Erlebnis genauer erforscht würde, denn bei Soldaten im Gefecht und anderen Menschen in lebensgefährlichen Situationen tritt es recht häufig auf.

Trost für die Trauernden

Den tiefsten Schmerz erleben wir beim Tod eines geliebten Menschen. Berichte von Todesnähe-Erlebnissen können jedoch vielen Trauernden Trost bringen.

Kurz nach der Veröffentlichung meines Buchs «Leben nach dem Tod» erhielt ich einen Brief von einer Familie, deren Tochter ermordet worden war. Sie war eine junge, hochintelligente Hochschullehrerin gewesen. Ein Einbrecher, den sie in ihrem Haus überrascht hatte, hatte sie umgebracht. Für ihre Eltern, deren einziges Kind sie gewesen war, wurde das Leben nach ihrem Tod zur Hölle.

Die Eltern schrieben mir, das Nachlesen über Todesnähe-Erfahrungen habe ihnen den schmerzlichen Verlust erleichtert.

Jeder von uns TNE-Forschern kennt Äußerungen von Menschen, die sich mit dem Tod naher Angehöriger abfinden konnten, als sie von Todesnähe-Erlebnissen hörten. Ich glaube, die Berichte von Sterbeerlebnissen lassen viele Menschen erkennen, daß der Tod ein Durchgang zu einem anderen Ort ist. Die Umstände des Sterbens können qualvoll sein, doch sobald der Sterbende seinen Körper verläßt, spürt er keinen Schmerz mehr, sondern im

Gegenteil eine große Erleichterung. Außerdem weisen viele Sterbeerlebnisse darauf hin, daß wir uns in der spirituellen Welt wieder mit unseren Lieben vereinen. Das allein tröstet viele Menschen.

Die Auswirkungen von Sterbeerlebnissen auf Suizidgefährdete

Diesen Punkt kann man am besten klären, wenn man sich mit den Folgen von Todesnähe-Erlebnissen beschäftigt, die bei Selbstmordversuchen auftraten.

Dr. Bruce Greyson hat den entsprechenden Personenkreis eingehend untersucht und festgestellt, daß nicht nur das Todesnähe-Erlebnis selbst, sondern schon das Wissen um die Existenz solcher Erlebnisse den Wunsch, sich zu töten, praktisch aufhebt.

Greyson ist Arzt für Notfallpsychiatrie an der Universität von Connecticut und hat tagtäglich mit Selbstmordversuchen zu tun. Er verglich zwei Gruppen miteinander: Bei der einen Gruppe hatte der Selbstmordversuch zu einem Todesnähe-Erlebnis geführt, bei der zweiten Gruppe war kein solches Erlebnis aufgetreten. Greyson entdeckte, daß von den Betroffenen, die ein Todesnähe-Erlebnis gehabt hatten, fast keiner noch einmal einen Suizidversuch unternahm. Dagegen versuchte ein hoher Prozentsatz der Menschen, die kein TNE gehabt hatten, noch einmal, sich zu töten. Das Todesnähe-Erlebnis hilft also, die Suizidneigung zu überwinden.

Ein New Yorker Forscher gab Patienten, die einen Suizidversuch überlebt hatten, Fallberichte von Todesnähe-Erlebnissen zu lesen. Das führte dazu, daß diese Patienten den Selbstmord nicht mehr als Lösung ihrer Probleme betrachteten. Dieses Experiment wurde mehrmals wiederholt, immer mit demselben Ergebnis: Das Wissen um die Existenz von Todesnähe-Erlebnissen hielt die Menschen von Selbstmordversuchen ab.

Diese Ergebnisse überraschen mich nicht. Oft ist Hoffnungslosigkeit der Grund, warum jemand versucht, sich umzubringen. Die Menschen empfinden das Leben als eine Last und ohne spirituellen Sinn. Todesnähe-Erlebnisse können diese Leere auffüllen. Während diese Menschen zuvor meinten, ihr Leben führe zu nichts, glauben sie nun, daß sie ein reiches und erfülltes jenseitiges Leben erwartet. Dieses Wissen vermag den Schmerz in ihrem Leben zu mindern. Es gibt ihnen das Gefühl, daß das Leben lebenswert ist.

Ein mit mir befreundeter Arzt erlebte eine solche Reaktion bei einer Nachbarin, die sich durch Vernachlässigung ihrer selbst langsam zugrunde richtete. Einmal ging mitten am Tag plötzlich sein Telefon nicht mehr. Da die meisten Nachbarn bei der Arbeit waren, ging er die Straße hinunter, um diese zurückgezogen lebende alte Dame zu fragen, ob er ihr Telefon benutzen könnte, um der Telefongesellschaft die Störung zu melden.

Er klopfte an ihre Küchentür und hörte sie quälend langsam durch das Haus auf ihn zuschlurfen. Sie ließ ihn herein und setzte sich dann, erschöpft von dieser Anstrengung, an den Küchentisch, um aus einem großen, grünen Behälter Sauerstoff zu inhalieren.

Als mein Freund seinen Anruf erledigt hatte, sprach er mit der alten Dame und stellte fest, daß ihr medizinisch gesehen nichts fehlte. Sie selbst sagte, sie sei eben einfach alt und deprimiert. Das ewige Herumsitzen habe sie so geschwächt, daß der Arzt ihr den Sauerstoff verschrieben habe, um ihr ein Minimum an Bewegungsmöglichkeit zu geben.

Mein Freund wollte diese Erklärung nicht gelten lassen.

Er glaubte, daß sie sich durch mangelnde Bewegung selbst umbringe, und beschloß, ihr etwas zu geben, was sie auf andere Gedanken brächte. Er ging nach Hause und holte ihr ein Exemplar von «Leben nach dem Tod».

Ein paar Tage später sah er sie mit dem Buch in der Hand langsam die Straße heruntergehen. Sie dankte ihm überschwenglich und erklärte ihm, sie sei heute zum erstenmal seit über einem Jahr aus dem Haus gegangen, weil ihr zum erstenmal danach zumute gewesen sei. Sie sei nun nicht mehr so verbittert über das Alter und seine unvermeidlichen Folgen, sagte sie. Die Hoffnung auf ein Leben nach dem Tod habe ihr geholfen, das Hier und Jetzt bereitwilliger anzunehmen.

Mein Freund berichtet, daß diese Frau inzwischen eifrig in ihrem Garten arbeitet und nicht mehr darauf angewiesen ist, jene Sauerstofflaschen ständig um sich zu haben.

Würde der Nachweis von Todesnähe-Erlebnissen wissenschaftliche Lehrmeinungen umstürzen?

Die Naturwissenschaft sagt uns, daß die Welt von Naturgesetzen beherrscht wird. Beispielsweise ist die Vorstellung, daß die Schwerkraft unsere Füße auf dem Boden hält, eine vereinfachte Form der Gesetze der Schwerkraft. Ein anderes Naturgesetz besagt, daß alle Lebensformen auf der Erde auf dem Element Kohlenstoff beruhen. Die Naturwissenschaft baut auf diesen und vielen weiteren Annahmen auf, und durch die Kenntnis und Anwendung der Naturgesetze hat die Menschheit viele wichtige Fortschritte erzielt.

Könnten wir beweisen, daß es ein Leben nach dem Tod gibt, würden der Wissenschaft neue Horizonte eröffnet.

Durch die Erforschung bisher unbekannter Dimensionen würde die Naturwissenschaft revolutioniert.

Wenn etwa bewiesen würde, daß ein Mensch seinen Körper verlassen und kraft seiner Gedanken durch Wände hindurchgehen kann, würden die Erkenntnisse der Wissenschaft über das Wesen von Kommunikation und Fortbewegung über den Haufen geworfen, von unserem Wissen über das Wesen des Lebens ganz zu schweigen.

Damit wäre das Vorhandensein eines ganz anderen Universums bewiesen, eines Universums, das mit Sicherheit höher entwickelt ist als das, in dem wir jetzt leben. Die Folgerungen einer solchen Entdeckung sind mit Worten kaum zu beschreiben. Können Sie sich vorstellen, in eine andere Dimension einzudringen und mit Angehörigen längst vergangener Zivilisationen zu sprechen? Oder, um das auch einmal zu erwähnen, könnten Sie sich vorstellen, welche Wirkung der Nachweis einer spirituellen Welt auf die militärische Forschung hätte? Ich glaube, er würde sie völlig überflüssig machen.

Wenn wir wüßten, daß es eine spirituelle Welt gibt, in der Liebe und Wissen das einzig Wichtige sind, und wenn wir überzeugt wären, daß die Dinge – Geld, Land, politische Macht –, um deretwillen Kriege geführt werden, nur hier auf der Erde zählen, dann würden sich unsere Einstellungen und Ansichten über die Menschen, die wir als Feinde betrachten, mit Sicherheit ändern.

Wir sähen diese Menschen dann in einem anderen Licht. Die Existenz einer spirituellen Welt würde ja bedeuten, daß wir die Ewigkeit mit unseren «Feinden» zusammen verbringen müßten. Außerdem würden wir in unserem nach-irdischen Leben herausfinden können, was genau sie über das Leben auf der Erde und über uns gedacht haben. Allein das Wissen, daß es eine solche Sphäre gibt, würde uns wechselseitig toleranter machen.

Doch wie die Dinge heute liegen, haben Todesnähe-Erlebnisse einen Haken: Sie liefern lediglich anekdotische Zeugnisse. Es war bisher noch nicht möglich, sie wissenschaftlich zu reproduzieren oder sie *direkter* als auf der Ebene der «mündlichen Überlieferung», wie wir es nennen, zu untersuchen. Solange das Todesnähe-Phänomen nicht wiederholbar ist, beweisen diese Berichte für die Wissenschaft nichts weiter als die Existenz bestimmter Vorgänge, die bei Menschen aufgetreten sind, die beinahe gestorben wären.

Todesnähe-Berichte haben mich und eine Menge anderer Ärzte völlig überzeugt, doch bevor sie nicht mit Erfolg reproduziert werden können, wird die Wissenschaft sie immer in Zweifel ziehen.

Fesseln uns Todesnähe-Erlebnisse, weil sie Mode sind?

Manche sagen, Todesnähe-Erlebnisse würden die Öffentlichkeit interessieren, weil sie etwas Neues sind. Einige nennen mein Buch «Leben nach dem Tod» die erste niedergeschriebene Geschichte des Todesnähe-Erlebnisses. Gerade wegen der angeblichen Neuartigkeit dieses Themas werde jedoch das Interesse schnell verebben und das Todesnähe-Erlebnis in der Versenkung verschwinden.

In Wirklichkeit sind beide Meinungen unzutreffend. Todesnähe-Erlebnisse reichen weit in die Geschichte zurück, bis zu ersten Hinweisen in Platos Dialog über den Staat, der im antiken Griechenland entstand.

Dank der Entwicklung der Herz-Lungen-Wiederbelebung gibt es heute sehr viel mehr Todesnähe-Berichte als noch vor zwanzig Jahren. Diese lebensrettenden Maßnahmen machen es möglich, sehr viele Menschen aus der Todeszone zurückzuholen, die früher nicht überlebt hätten.

Die große Mehrheit der Menschen, die mir ihr Sterbeerlebnis berichtet haben, wäre vor dreißig oder vierzig Jahren gestorben, weil man sie noch nicht wiederbeleben konnte. Berichte über Todesnähe-Erfahrungen sind deshalb heute nicht mehr kuriose Randerscheinungen in irgendwelchen medizinischen Zeitschriften, wie noch vor einigen Jahren. Wir können jetzt Hunderte, ja Tausende von Menschen finden, die diese Erfahrung durchlebt haben.

Ein weiterer Unterschied ist, daß die Menschen heute eine sehr viel größere Bereitschaft zeigen, offen über das Erlebte zu sprechen. Sie haben jetzt nicht mehr soviel Angst, vom Arzt als übergeschnappt abgestempelt zu werden. Und sie brauchen auch nicht mehr, wie vor dreißig Jahren noch, zu befürchten, daß man sie in eine Nervenheilanstalt sperrt.

Heute sprechen die Menschen über besondere Erlebnisse. Und sie bekommen dabei Unterstützung von anderen, die auch TNEs erlebt haben.

Doch da wir nach historischen Parallelen suchen: Die ersten Berichte über ein «Leben nach dem Leben», die ich kenne, stammen aus den «Dialogen» von Gregor dem Großen, also aus den geistlichen Schriften des Papstes aus dem sechsten, siebten Jahrhundert.

Das letzte Buch der «Dialoge» enthält zweiundvierzig Geschichten, die die Unsterblichkeit der Seele «beweisen» sollen. Es handelt sich um unterschiedliche Visionen auf dem Totenbett, um Geistergeschichten und um Todesnähe-Berichte. Die meisten hat Papst Gregor I. ausgeschmückt, um den moralischen Zeigefinger um so eindrucksvoller zu erheben.

Im folgenden Bericht «stirbt» ein Soldat, kehrt später aber mit einer beeindruckenden Erzählung über das jenseitige Leben und das Geschick eines Kaufmanns aus Konstantinopel mit Namen Stephanos zurück.

«Eines Tages streckte die Pest einen bestimmten Soldaten in unserer Stadt nieder. Er wurde aus seinem Leibe herausgezogen und lag leblos, kehrte aber bald wieder und berichtete, was ihm zugestoßen war. In jeder Zeit erlebten viele Menschen solche Dinge. Der Soldat sagte, er sah eine Brücke über einen schwarzen, morastigen Fluß, aus dem unerträgliche, faule Dämpfe aufstiegen. Jenseits der Brücke aber lagen herrliche Wiesen voll weichem grünem Gras und lieblich duftenden Blumen. Sie schienen der Versammlungsort von Menschen in weißen Gewändern zu sein. Die Luft war von einem solchen Wohlgeruch erfüllt, daß seine Süße allein den Einwohnern, die sich dort ergingen, Befriedigung (all ihrer Bedürfnisse) gewährte. An jenem Ort besaß jeder seine eigene Behausung, die von wunderbarem Licht erfüllt war. Ein Haus von außerordentlichen Maßen wurde gerade gebaut, wie es schien, aus goldenen Ziegelsteinen, aber der Soldat konnte nicht erfahren, für wen es bestimmt war. Am Flußufer lagen Behausungen, von denen manche von den fauligen Dämpfen des Flusses verpestet wurden, andere aber blieben davon unberührt.

Auf der Brücke wurde jeder auf die Probe gestellt. Wollte sie ein Ungerechter überqueren, rutschte er aus und fiel in das trübe, stinkende Wasser. Die Gerechten aber, die nicht von Schuld beschwert waren, schritten frei und ungehindert in das Land der Wonne. Der Soldat sah Peter, einen Ältesten der Gemeinde, der vor vier Jahren gestorben war; er lag in dem glitschigen Morast unter der Brücke und wurde von einer Eisenkette niedergehalten. Als der Soldat fragte, wie das komme, bekam er eine Antwort, die uns deutlich ins Gedächtnis ruft, was wir von den Taten dieses Mannes wissen. Er bekam zur Antwort: ‹Er leidet diese Strafe, weil er immer, wenn er einen anderen strafen mußte, aus grausamer Lust und nicht aus Gehorsam schlug.› Keinem, der ihn kannte, blieb verborgen, daß er solches tat.

Der Soldat sah auch einen bestimmten wallfahrenden Priester auf die Brücke zugehen und sie ebenso beherrscht überqueren, wie er in seinem Leben aufrichtig gewesen war. Auf derselben Brücke sah der Soldat auch jenen Stephanos wieder, von dem wir soeben gesprochen haben. Als er versuchte, die Brücke zu überqueren, strauchelte sein Fuß, und die untere Hälfte seines Körpers hing nun über den Rand der Brücke. Da kamen ein paar abstoßende Gesellen aus dem Fluß und zerrten ihn an den Hüften nach unten. Gleichzeitig begannen ein paar stattliche, weißgekleidete Männer, Stephanos an den Armen hochzuziehen. Während dieses Kampfes zwischen guten Geistern, die Stephanos nach oben zogen, und bösen Geistern, die ihn hinunterdrückten, wurde derjenige, der all dieses beobachtete, in seinen Körper zurückgerufen. So erfuhr er nie, wie der Kampf ausging.

Was Stephanos widerfuhr, läßt sich indes aus seinem Lebenswandel erklären. In seinem Innern lagen die Übeltaten des Fleisches im Streit mit dem guten Werk des Almosengebens. Daß er an den Hüften heruntergezerrt und zugleich an den Armen emporgezogen wurde, zeigt deutlich, daß er die Mildtätigkeit liebte und sich dennoch nicht ganz der fleischlichen Laster enthielt, die ihn herunterzogen. Welche Seite in diesem Wettkampf obsiegte, blieb unserem Augenzeugen verborgen und ist für uns nicht offenkundiger als für den, der all dies mitansah und dann in das Leben zurückkehrte. Aber es ist gewiß, daß Stephanos zwar in der Hölle gewesen und zurückgekommen ist, wie wir eben gesagt haben, sein Tun und Trachten aber nicht von Grund auf besserte. Infolgedessen mußte er, als er viele Jahre später aus seinem Leib heraustrat, noch einmal einen Kampf auf Leben und Tod ausfechten.»

Schlußfolgerung

Direkt nach dem Erscheinen meines Buchs «Leben nach dem Tod» zeigte sich, daß das Thema Todesnähe-Erlebnisse so ungeheuer populär war, daß mein Leben von nun an nicht mehr dasselbe sein würde. Ich erkannte, daß der Tod unser größtes Geheimnis ist und wir alle danach streben, es zu lösen.

Todesnähe-Erlebnisse faszinieren uns, weil sie den greifbarsten Beweis für eine spirituelle Existenz erbringen, den es überhaupt gibt. Sie sind buchstäblich das Licht am Ende des Tunnels.

Kapitel 5

Warum das Todesnähe-Erlebnis keine Geisteskrankheit ist

Nach einem von Dr. Michael Saboms Vorträgen stand ein Herzspezialist wutentbrannt auf und stellte den angesehenen TNE-Forscher zur Rede. Er sei seit dreißig Jahren Arzt, erklärte der Kardiologe, und habe in dieser Zeit Hunderte von Menschen vom Rand des Todes zurückgeholt.

«Seit Jahren habe ich mit diesen Dingen zu tun», sagte er ärgerlich. «Und trotzdem habe ich noch mit keinem Patienten gesprochen, der so ein Todesnähe-Erlebnis gehabt hat.»

Noch bevor Sabom antworten konnte, erhob sich ein Mann hinter dem Kardiologen. «Ich bin einer der Patienten, die Sie gerettet haben, und ich sage Ihnen jetzt direkt ins Gesicht: Sie wären der letzte, dem ich von meinem Todesnähe-Erlebnis erzählen würde.»

Was diese Begegnung signalisiert, ist klar: Viele Ärzte und Angehörige der medizinischen Berufe haben kein Verständnis für Menschen, die aus einem Todesnähe-Erlebnis zurückkehren, weil sie nicht wissen, wie sie mit ihnen umgehen sollen, und weil sie ihnen gegenüber nicht offen sind. Viele der Rückkehrer, mit denen ich im Lauf der Jahre gesprochen habe, sagten mir, der Arzt habe ihnen geraten, ihr Erlebnis nicht zu beachten. Im günstigsten Fall erklärten die Ärzte, es handele sich um einen bösen Traum, den man vergessen solle. Im schlimmsten Fall unterstellten sie, das Erlebnis sei eine Art Geistesstörung, das man auf der Couch des Therapeuten oder in einer Nervenheilanstalt kurieren müsse. Wen kümmerte es, daß man vom Todesnähe-Erlebnis als von einer positiven, aufbauenden Erfahrung sprach! Für viele Mediziner ist ein Todesnähe-Erlebnis immer noch ein Zeichen von Verrücktheit.

Ein weitaus größerer Teil meiner Gewährsleute machte sich nicht die Mühe, Ärzten, Verwandten oder Freunden von diesem Erlebnis zu berichten. Ihnen war bei ihrer Rückkehr sofort klar, daß man sie als «nicht ganz dicht» betrachten würde, wenn sie irgend jemand von dem Tunnel oder dem Lichtwesen erzählen würden. Sie behielten deshalb diese wunderbare Erfahrung für sich und schwiegen von einem Ereignis, das sie von Grund auf verändert hatte. Über eine Todesnähe-Erfahrung zu reden, heißt nur zu oft, sich jede Menge Schwierigkeiten einzuhandeln.

Das erfuhr auch Martha Todd, eine geachtete Englischprofessorin an einem College in den Südstaaten. Vor mehreren Jahren hatte sie während einer Routineoperation zur Entfernung einer Zyste ein intensives Todesnähe-Erlebnis.

Fast unmittelbar, nachdem ihr die Narkose gegeben worden war, führte eine allergische Abwehrreaktion zu einem Herzstillstand. Martha erinnerte sich, daß der Arzt rief, jemand solle den «Intensivwagen» bringen, also die Geräte, die zu sofortiger Wiederbelebung nötig sind. Sie sagt, sie sei sich bewußt gewesen, «in Schwierigkeiten» zu sein, aber zugleich habe sie sich so «entspannt und friedlich gefühlt», daß es ihr «nichts ausmachte». Sie hörte, wie jemand im Operationssaal sagte: «Herzstillstand», und dann geschah es:

«Ich merkte, wie ich zur Decke hochschwebte, ich sah sie alle ganz deutlich um den Operationstisch herumstehen, und ich sah sogar meinen Körper. Ich dachte noch, wie komisch es sei, daß sie sich so über meinen Körper aufregten. Mir ging es gut, das hätte ich ihnen gerne gesagt, aber es schien unmöglich, ihnen das klarzumachen. Es war, als wäre da ein Schleier oder eine Trennwand zwischen mir und den anderen Personen im Raum.

Auf einmal merkte ich, daß da eine Öffnung war, wenn ich so sagen darf. Sie schien länglich und dunkel, und ich zischte förmlich hindurch. Ich war verdutzt, aber guter Stimmung. Aus diesem Tunnel kam ich in eine Sphäre voll sanft leuchtender Liebe und Licht. Die Liebe war überall. Sie umgab mich und schien in mein innerstes Wesen einzudringen. An einem Punkt bekam ich eine Vorführung, das heißt, ich sah die Ereignisse meines Lebens in einer Art umfassendem Panorama. All dies ist im Grunde unbeschreiblich. Verstorbene, die ich gekannt hatte, waren bei mir in diesem Licht, ein Freund, der im Studium gestorben war, mein Großvater und eine Großtante und andere. Sie waren glücklich und strahlten.

Ich wollte nicht zurück, aber ein Mann in diesem Licht sagte mir, ich müsse zurückgehen. Ich bekam gesagt, ich hätte das, was ich im Leben zu tun hätte, noch nicht abgeschlossen.

Ich kam mit einem plötzlichen Ruck in meinen Körper zurück.»

Fast unmittelbar nach diesem Erlebnis erkannte Martha, daß ihr Leben sich verändert hatte. Neue Wirklichkeiten hatten sich ihr eröffnet, und sie würde von nun an nicht mehr dieselbe sein. Gern hätte sie ihrer Familie und ihren Freunden – und sogar ihrem Arzt – von diesem Erlebnis erzählt. Doch als sie nach den richtigen Worten suchte, um ihre Erfahrung zu erklären, entdeckte sie eine schreckliche Wahrheit. Statt freudigem Interesse las sie auf den Gesichtern der um ihr Bett Stehenden Besorgnis und Angst.

«Die dachten, ich hätte sie nicht mehr alle», sagte Martha. «Meine Mutter war sehr besorgt. Zuerst versuchte sie, mich zu belehren. Sie erklärte mir, durch das Bibellesen könne man sich leicht hinreißen lassen, aber ich müsse einen kühlen Kopf bewahren. Ich bemühte mich, ihr zu sagen, daß es nicht um etwas gehe, das ich gelesen oder in der Kirche gehört hätte, sondern daß ich dieses Erlebnis selbst gehabt hätte.»

Waren ihre Eltern schon schlimm, so war ihr Arzt noch schlimmer.

«Der Arzt sagte meinen Eltern, ich hätte eine Bewußtseinstrübung und Halluzinationen. Er meinte, ich müsse sofort zum Psychiater. Meine Eltern dachten, ich hätte den Verstand verloren, und ich kam zur Behandlung in eine psychiatrische Klinik. Ich konnte nicht glauben, daß dies mit mir geschah.»

Hätte Martha Todd ihr Todesnähe-Erlebnis heute, würde man sicher anders vorgehen. Einerseits haben Psychiater und Psychologen inzwischen von Todesnähe-Erlebnissen gehört, so daß Betroffene wohl kaum mehr in der Psychiatrie landen würden. Leider wissen aber viele Ärzte und Angehörige des Krankenhauspersonals immer noch zu wenig über Sterbeerlebnisse und ihre Abgrenzung zu psychischen Erkrankungen. Und da sie meist die ersten sind, denen ein Rückkehrer nach einem Todesnähe-Erlebnis begegnet, kann es passieren, daß sie ihn dazu bringen, sich eines solch schönen Erlebnisses zu schämen.

Das ist schade, denn anders als eine Geisteskrankheit führt ein Todesnähe-Erlebnis meist zu besserer psychischer Einstellung und höherem Wohlbefinden, so daß die Person meist glücklicher ist als vor dieser Erfahrung. Bei Geisteskrankheiten kommt es dagegen zu Niedergeschlagenheit, Verzweiflung, Depressionen und Hoffnungslosigkeit.

Selbst heute sind einige medizinische Kapazitäten immer noch der Meinung, Todesnähe-Erlebnisse seien eine Art Geisteskrankheit. Sie behaupten dies, weil – sehr oberflächlich betrachtet – das typische Todesnähe-Erlebnis einigen Formen von Geisteskrankheit ähnelt. Ich betone: Todesnähe-Erlebnisse ähneln geistigen Störungen nur in oberflächlicher Weise. Sieht man genauer hin, wie wir es hier tun wollen, erkennt man, daß Geisteskrankheit und das Todesnähe-Erlebnis zwei grundverschiedene Dinge sind.

Die Geistesstörungen, die – fälschlicherweise – am häufigsten mit TNEs verknüpft werden, sind (1) die wichtigsten Psychosen wie Schizophrenie und Paranoia und (2) einige organische Hirnerkrankungen wie Delirium, Demenz und Temporallappen-Epilepsie.

Untersuchen wir nun, wieso bei Todesnähe-Erlebnissen oft immer noch erst an Geistesstörung gedacht wird und, wichtiger noch, warum Sterbeerlebnisse etwas ganz und gar anderes sind.

Schizophrenieartige Psychose

Eine Psychose ist, einfach ausgedrückt, eine Erkrankung, bei der der Kontakt zur Wirklichkeit verlorengeht. Der Patient verliert die Verbindung zu seiner Umwelt. Diese Störung äußert sich in einer Reihe von Symptomen:

□ *Halluzinationen:* Man sieht Menschen oder Dinge, die es nicht gibt.
□ *Wahnideen:* Irrige Vorstellungen, die man dem Patienten nicht ausreden kann, zum Beispiel, er sei Napoleon.
□ *Wirre Assoziationen:* Ein Zustand, bei dem der Betreffende in ungeordneter und häufig unverständlicher Weise von einem Gedanken zum andern springt.

Unter der Vielzahl von Psychosen dürfte die Schizophrenie die bekannteste sein. Sie umfaßt «Stimmenhören» (akustische Halluzinationen), bizarre Verhaltensauffälligkeiten, wirre Assoziationen, verbunden mit dem Gebrauch eigenartiger, sinnloser Wörter und Ausdrücke (bekannten Wörtern wird eine neue Bedeutung unterlegt), und schrittweise sich verschlimmernde Apathie.

Bei einem schizophrenen Schub wird der Kranke von Stimmen und einem wüsten Durcheinander bruchstückhafter Gedanken gequält, die die Persönlichkeit so sehr schwächen, daß der gesamte weitere Verlauf der Krankheit meist ungünstig ist. Oft gerät der Schizophrene in die Isolation und kann zu niemandem mehr eine sinnvolle Beziehung herstellen. Kurz, er wird unfähig, in der Gesellschaft zu leben.

Der Unterschied zwischen dieser schrecklichen Geisteskrankheit und der konstruktiv wirkenden Todesnähe-Erfahrung fällt sofort ins Auge. Zwar hören viele Betroffene in Todesnähe ebenfalls Stimmen, aber hier handelt es sich um sinnfällige Worte, nicht um unverständliches Kauderwelsch.

Während es mit der Fähigkeit der Schizophrenen, ihren Platz in der Gesellschaft auszufüllen, meist bergab geht, kommen Rückkehrer aus Todesnähe mit ihrer Umwelt besser zurecht. In ihrem TNE sehen sie vielleicht ein «Lichtwesen», halten sich aber deswegen nicht gleich für

Napoleon oder Gottvater. Das Todesnähe-Erlebnis ist ein in sich schlüssiges Erlebnis, das Anfang und Ende hat und sich positiv auf das eigene Leben auswirkt. Bei der Schizophrenie dagegen kommt es zu unzusammenhängendem, sinnentleertem Erleben, das lange Zeit – manchmal das ganze Leben – anhalten kann und den Kranken belastet.

Nach meiner Erfahrung als Psychiater besteht zwischen dem Todesnähe-Erlebnis und der Schizophrenie nur eine oberflächliche Ähnlichkeit, die verschwindet, wenn man einzelne Fälle genauer unter die Lupe nimmt. Zur Illustration will ich zwei Gespräche anführen, eines mit einer Schizophrenen und eines mit einer Frau, die ein Todesnähe-Erlebnis hatte. Jedes Fallgespräch ist ein typisches Beispiel. Aufgrund dieser Auszüge können Sie für sich selbst entscheiden, ob Rückkehrer aus Todesnähe als geisteskrank anzusehen sind oder nicht.

Eine schizophrene Patientin

Hier folgt ein Teil eines Gesprächs, das in einer Nervenheilanstalt mit einer achtundfünfzigjährigen, chronisch schizophrenen Patientin geführt wurde. Darin versucht der Arzt herauszufinden, was sie in ihrem Leben durchgemacht hat und was in ihrem Kopf vor sich geht.

Arzt: Guten Tag. Ich möchte gern erfahren, was Sie zu uns führt. Warum sind Sie hier?

Helen: Ich weiß nicht, warum sie mich hergebracht haben.

Arzt: Was fehlt Ihnen? Bedrückt Sie irgend etwas?

Helen: Ich weiß, daß die mir Radiowellen ins Gehirn schicken... Die Frequenz kommt aus einer anderen Welt...

Arzt: Wer macht das?

Helen: Ich weiß nicht, wer. Sie sind bestimmt zweitausend Kilometer weit weg. Aber sie senden mir die ganze Zeit Botschaften ins Hirn. Ach bitte, rufen Sie doch den FBI an, und sagen Sie, sie sollen herkommen. Es ist nicht mehr auszuhalten, sie senden die ganze Zeit in meinen Kopf.

Arzt: Senden Sie auch jetzt?

Helen: Ja, ja.

Arzt: Sie hören sie jetzt?

Helen: Ja.

Arzt: Also jetzt im Augenblick hören Sie Stimmen?

Helen: Ja.

Arzt: Können Sie mir sagen, was die Stimmen sagen?

Helen: Nein, genau kann ich nicht sagen, was die reden.

Arzt: Sind es Männer- oder Frauenstimmen?

Helen: (Hält inne, um zu horchen und zu überlegen.) Das weiß ich einfach nicht.

Dieser kurze Ausschnitt aus einem sehr viel längeren Gespräch zeigt deutlich, wie Schizophrene über die «Stimmen» sprechen, die sie hören. Die meiste Zeit können die Patienten nicht verstehen, was die Stimmen sagen. Sie sind zu weit entfernt oder verzerrt. Manchmal klingen sie auch wie entferntes Donnergrollen. Können die Patienten die Stimmen verstehen, machen sie meist feindselige Bemerkungen über die Kranken oder über die Menschen in ihrer Umgebung.

Aus dem Verhalten der Schizophrenen wird klar, daß es sich bei den Stimmen um akustische Halluzinationen handelt. Wenn die Patienten die Stimmen hören, wenden sie immer wieder den Kopf und drehen Augen und Ohren in Richtung der «Unterhaltung».

Eine Rückkehrerin aus Todesnähe

Und hier nun im Kontrast dazu ein Auszug aus einem Interview mit Alice, einer sechzigjährigen Frau, die während der Wiederbelebung nach einem Herzstillstand ein klassisches Todesnähe-Erlebnis hatte. Sie schildert, wie sie ihren Körper verließ und die Reanimation von oben betrachtete. Anschließend bewegte sie sich durch einen Tunnel in ein strahlend helles Licht, wo sie drei verstorbene Verwandte – ihren Vater, ihre Mutter und eine Schwester – wiedertraf. Später fragte der Interviewer genauer nach verschiedenen Merkmalen ihres Sterbeerlebnisses.

Arzt: Sie haben gesagt, nachdem Sie sich in Ihrem Krankenzimmer von Ihrem Körper getrennt hatten, konnten Sie die Ärzte und Schwestern sehen, die versuchten, Ihr Herz wieder in Gang zu bringen, und Sie konnten verstehen, was sie sagten.

Alice: Ja, das konnte ich. Aber ich konnte sie nicht auf mich aufmerksam machen. Für sie war es, als ob ich überhaupt nicht da wäre.

Arzt: Können Sie mir sagen, woher Sie wußten, was die Menschen im Raum sagten? Ich meine, haben Sie ihre Stimmen gehört, oder war es eher wie...

Alice: Nein, ihre Stimmen habe ich nicht gehört. Man hört die Stimmen nicht, so wie ich Sie jetzt höre. Ich kann mich nicht erinnern, mit meinen Ohren irgend etwas gehört zu haben. Nein, man versteht die Anwesenden ganz ohne Worte. Ich verstand, was mein Arzt dachte. Ich fühlte, wie besorgt er um mich war und wie er dachte: ‹Jetzt wird sie gleich sterben.›

Er wollte sagen: ‹Rufen Sie mal lieber die Familie an, denn sie stirbt gleich.› Ich wußte, das er das sagen würde. Es war aber nicht so, daß ich seine Stimme gehört hätte.

Außerdem glaube ich, daß ich zu der Zeit überhaupt nichts hätte hören können. Ich war tot. Ich schnappte irgendwie auf, was er dachte.

Arzt: Hat der Arzt gesagt, jemand solle Ihre Familie anrufen? Wissen Sie das?

Alice: Ja, das hat er. Ich habe mit meinem Arzt lange über dieses Erlebnis gesprochen, und er wußte nicht, was er davon halten sollte. Verschiedene Sachen mußte ich ihm mehrmals erzählen, und er schüttelte ein ums andere Mal den Kopf. Er sagte, alles, was ich ihm von den Ereignissen bei meiner Wiederbelebung berichtete, sei wahr, aber er könne einfach nicht verstehen, woher ich das wisse, denn seiner Meinung nach war ich zu der Zeit ja tot.

Arzt: Er hat also Ihre Familie angerufen? Oder jemand anderen darum gebeten?

Alice: Ja, er sagte mir, daß er das tat, genauso, wie ich es mitgekriegt hatte. Und er bestätigte auch noch andere Dinge, die ich beobachtet hatte.

Arzt: Sie meinen aber, es war nicht das gleiche wie Hören?

Alice: Nein, eher eine Art Gedankenlesen. Ich konnte sehen, wie sie beim Sprechen den Mund bewegten, aber ich kann mich nicht entsinnen, ihre Stimmen gehört zu haben. Es war eher eine Art Verstehen. Direktes Verstehen, was sie dachten.

Der Interviewer bat Alice um genauere Einzelheiten über ihr Todesnähe-Erlebnis, in dem sie sich, nach der Passage durch einen Tunnel, in Gegenwart von Mutter, Vater und Schwester wiederfand, die alle schon vor vielen Jahren gestorben waren.

Arzt: Sie glauben also, daß Sie in diesem Licht auch mit einigen Ihrer verstorbenen Verwandten zusammenkamen.

Alice: Ja. Mit meinem Vater, der schon in den dreißiger Jahren gestorben ist, 1932 muß das gewesen sein. Auch meine Mutter war da, sie ist 1949 gestorben. Meine Schwester starb etwa 1970.

Arzt: Sie sagten, daß Sie sich mit ihnen auf irgendeine Weise verständigt haben?

Alice: O ja. Ich spürte ganz viel Liebe. Zwischen uns strömte Liebe hin und her. Ich wußte, was meine Eltern und meine Schwester im Herzen empfanden. Sie sagten mir auch, daß ich zurückgehen müsse. Sie wußten, daß ich eigentlich noch gar nicht dort sein sollte. Sie sagten mir, ich müsse zurück und mein Leben zu Ende leben.

Arzt: Hmmm. Wissen Sie, was sie damit meinten?

Alice: Nein, ich habe nie herausbekommen, warum ich nicht dort bleiben durfte. Aber ich nehme an, daß sie das besser wußten als ich. Ich weiß immer noch nicht, warum ich zurück mußte.

Arzt: Wie Sie sagen, haben Ihre Angehörigen Sie zurückgeschickt. Haben Sie das irgendwie gehört?

Alice: Nein, Herr Doktor. Auch da war es nicht so. Dort drüben braucht man keine Worte. Man erkennt unmittelbar, was in den anderen vorgeht, und sie spüren es genauso. Besser kann ich es wirklich nicht sagen.

Wie Sie selbst sehen können, unterscheiden sich psychotischer Schub und Todesnähe-Erlebnis in der Realität sehr stark voneinander. Wie ich bereits hervorgehoben habe, wirkt das TNE eher als Wachstumsanstoß, der zu höherer Lebensfreude und -erfüllung führt. Psychotische Anfälle bringen dagegen meist Depressionen und Verzweiflung mit sich.

Außerdem kann man nicht behaupten, daß Rückkehrer aus Todesnähe bei einem Ausleibigkeitserlebnis Halluzinationen hätten, denn der Begriff Halluzination besagt, daß man den Kontakt zu seiner realen Umgebung verliert.

Alices Bericht zeigt jedoch, daß sie sehr genau bemerkte, was um sie herum passierte, solange sie «tot» war. Und sie ist ja kein Einzelfall. Genau wie andere TNE-Forscher habe auch ich festgestellt, daß Rückkehrer nach Ausleibigkeitserlebnissen angeben können, was sich in ihrer Umgebung abgespielt hat, obwohl sie effektiv «weg vom Fenster» gewesen sind. Unbeteiligte Beobachter wie Angehörige des medizinischen Personals und Familienmitglieder haben die Berichte der Rückkehrer aus Todesnähe bestätigt. Wieder und wieder waren diese Beobachter verblüfft über die Präzision, mit der die Betroffenen das Geschehen wiedergaben.

Organische Geistesstörungen

Die meisten Todesnähe-Erlebnisse treten ein, wenn das Gehirn nicht mehr genug lebenswichtigen Sauerstoff bekommt. Da bei Sauerstoffmangel des Gehirns eigenartige Reaktionen auftreten können, sehen viele Beobachter in Todesnähe-Erlebnissen nur die Reaktion des Gehirns auf extreme Bedingungen oder auf den Zustand schwerer Bewußtseinstrübung, den man gemeinhin «Delir» nennt.

Viele verschiedenartige schwere Erkrankungen gehen mit Delirien einher. Man versteht darunter ein akutes chemisches Ungleichgewicht im Gehirnstoffwechsel, das normalerweise ohne psychische Schädigung des Patienten reversibel ist.

Patienten im Delir sind desorientiert und in der Wahrnehmung ihrer Umwelt beeinträchtigt. Sie leiden häufig unter alptraumartigen Halluzinationen, in denen Tiere, oft auch Insekten, vorkommen. Das Denken verläuft sprunghaft, ungeordnet und ohne Ziel. Delirante Patienten können sich nicht konzentrieren und fallen, wenn man sie nicht in ein Gespräch verwickelt, leicht in halluzinatorische Zustände zurück.

Die Patienten schauen ihren Sinnestäuschungen scheinbar unbeteiligt zu, als ob sie sich in einiger Entfernung auf einer Filmleinwand abspielten. Beispielsweise erzählte mir ein Patient, er sehe eine Herde wilder Pferde in rasender Flucht über eine weite Steppe jagen. Obwohl er sich mittendrin zu befinden schien, besah er sich das Schauspiel wie in einem Kinosessel.

Wenn das Delir abgeklungen ist, behalten die Patienten normalerweise nur nebelhafte Erinnerungen zurück und schildern das Erlebte in unzusammenhängenden Bruchstücken. Sie sehen darin keine tiefergehende persönliche Bedeutung oder gar einen spirituellen Wandlungsprozeß.

Ich habe im Lauf der Jahre mit Dutzenden von Patienten gesprochen, teils während des akut deliranten Zustands, teils später, nachdem er abgeklungen war. Das Geschehen, das sie schildern, unterscheidet sich von dem, was Rückkehrer aus Todesnähe erlebt haben, grundlegend.

Die Patienten, die ein Delirium erlebt haben, erwähnen nicht die allgemeinen Charakteristika des Todesnähe-Erlebnisses – Ausleibigkeitserfahrungen, Erinnerungspanorama, starke, alles durchdringende Liebe – noch irgendeines der übrigen Merkmale. Das Delir erscheint ihnen als bedrückender Ausnahmezustand, den sie nur zu gerne hinter sich lassen. Sie erleben es nicht als spirituellen Wendepunkt, als Vision, die ihnen einen neuen Lebenssinn und Freude bringt. Und sie beschreiben es nicht als eine Erfahrung, die ihnen moralische Führung gibt. Tatsächlich sprechen die Patienten von ihrem Delir kaum anders als von einem «schlechten Trip».

Ein Mann von Ende Siebzig wurde, nachdem er irrtümlich eine zu hohe Medikamentendosis bekommen hatte, in den Notfallraum eines Krankenhauses gebracht. Er war hochgradig agitiert und faselte wirres Zeug. Ich hatte Gelegenheit, mit ihm zu sprechen, als man ihn auf dem Untersuchungstisch fixierte, damit er sich beim wilden Umsichschlagen nicht verletzte.

Als ich mit ihm sprach, schaute er mit starrem Blick ins Weite. Dann deutete er vor sich und sagte: «Sehen Sie da die Hunde am Bach entlanglaufen!»

Zwei Tage später, als er wieder in normalem Zustand war, erinnerte er sich an nichts mehr, was im Notfallraum geschehen war.

Ich bin bei verschiedenen Gelegenheiten zu Patienten gerufen worden, die in einem akuten Delir waren und Halluzinationen hatten. Ein Patient mit hohem Fieber klagte, er sehe Fische um seinen Kopf herumschwimmen. Einen jungen Mann, der schwere Verbrennungen erlitten hatte, quälten Schreckensbilder von Babies, die in Kesseln gesotten wurden. Eine Frau Mitte Dreißig, die nach einer kleineren Operation an einer schweren Infektion erkrankte, sagte mir, sie sehe Särge auf einem leuchtend grünen Fußballfeld. Niemals aber sind mir die Trugbilder des Delirs in so glühenden Farben geschildert worden wie ein Todesnähe-Erlebnis.

Heautoskopische Halluzinationen

Es gibt viele medizinische Phänomene, von denen der Laie selten hört. Dazu zählt auch die heautoskopische Halluzination (Doppelgängerwahn). Ich erwähne sie, weil Skeptiker behauptet haben, das von Rückkehrern aus Todesnähe beschriebene Ausleibigkeitserlebnis sei lediglich eine heautoskopische Halluzination.

Ausleibigkeits-Erfahrung und heautoskopische Halluzination sind in Wirklichkeit jedoch grundverschieden. Bei dieser Form der Halluzination wird das Körperbild des Betroffenen in sein eigenes Gesichtsfeld projiziert. Auf diese Weise «sieht» er sich selber so, wie er eine andere Person sehen würde. Dieses Krankheitsbild ist selten und tritt im Zusammenhang mit Migräne-Kopfschmerzen und Epilepsie auf. Nach meiner Erfahrung – in der medizinischen Literatur habe ich keinen Hinweis darauf gefunden – tritt es auch nach Schlaganfällen auf.

Im allgemeinen sieht der oder die Kranke nur den eigenen Rumpf. Gelegentlich sehen die Betroffenen sich auch in voller Länge. Sehr häufig ahmt das Trugbild die Bewegungen des Betroffenen nach. Das Trugbild wird als transparent geschildert und tritt – aus mir völlig rätselhaften Gründen – gewöhnlich in der Dämmerung auf.

Präsident Lincoln berichtete, er habe während seiner Amtszeit im Weißen Haus ein solches Erlebnis gehabt. Er lag eines Abends auf einem Sofa und sah sich auf einmal in voller Länge vor sich, als ob er in einen Spiegel blicke. Schwer zu sagen, wie ein solcher Bericht aus dem Weißen Haus heute bei uns aufgenommen würde!

Aristoteles ist meines Wissens der erste, der einen Fall von heautoskopischer Halluzination dokumentiert hat. Er beschreibt einen Mann, der in den Straßen Athens umherging und sich immer wieder selbst in der Menge erblickte.

Ich selbst begegnete diesem Phänomen, als ich einen Patienten mit einem Schlaganfall ins Krankenhaus aufnahm. Er erzählte mir, diese Störung habe sich zum erstenmal gemeldet, als er bei einem Galadiner am Ehrentisch saß und merkte, daß er Kopfschmerzen bekam. Er dachte nicht weiter darüber nach, bis er aufsah und *sich selber* in den Saal kommen sah. «Er» trug einen Anzug mit einer Blume am Revers und schritt zielsicher zu einem der Tische, wo er sich niederließ, um den Abend zu genießen.

Dieser Patient glaubte, er sei in einem «Dämmerzustand» gewesen. Und in gewisser Weise stimmte das auch. Sein Schlaganfall hatte eine heautoskopische Halluzination ausgelöst.

Solche Wahrnehmungsphänomene kommen vor und werden immer wieder bekannt. Sie sind aber etwas völlig anderes als die Ausleibigkeitserlebnisse, zu denen es während Todesnähe-Erfahrungen kommt.

Im typischen Ausleibigkeits- oder «out of body»-Erlebnis befindet sich der Betroffene nach eigener Aussage an einem Aussichtspunkt außerhalb seines physischen Körpers. *Zugleich* sieht er seinen physischen Körper aus der Entfernung. Er erscheint ihm nicht transparent, sondern ebenso kompakt wie im realen Leben.

Die Patienten, die ein Ausleibigkeitserlebnis hatten, sagen, ihr Bewußtseinszentrum habe sich dabei außerhalb ihres physischen Körpers befunden.

Bei einer heautoskopischen Halluzination geht die Aufmerksamkeit jedoch immer vom physischen Körper aus. Das ist derselbe Vorgang, wie wenn Sie jetzt Ihre Aufmerksamkeit auf dieses Buch hier richten.

Bei Ausleibigkeitserlebnissen ist der Standpunkt auch noch in anderer Hinsicht verändert. So berichten die Betroffenen zum Beispiel häufig, daß sie umherschweifen und genau angeben können, was an Orten passiert, an denen sich ihr physischer Körper gar nicht aufgehalten hat. Da bei heautoskopischen Halluzinationen das Bewußtsein stets im physischen Körper zentriert bleibt, sind dabei keine Ortsveränderungen möglich.

Ich finde es ungeheuer faszinierend, daß unser Geist Funktionsmöglichkeiten wie die der heautoskopischen Halluzination besitzt. Allerdings habe ich nicht den leisesten Schimmer, welchen Zweck solche Phänomene haben. Aber ich kann Ihnen versichern, daß heautoskopische Halluzinationen mit dem Todesnähe-Erlebnis nicht das geringste zu tun haben.

«Das ist eine Sache zwischen Ihnen und Ihrem Herrgott»

Zwischen Geisteskrankheit und Todesnähe-Erlebnissen besteht – wie ich hoffe, gezeigt zu haben – kaum ein Zusammenhang. Diese Ansicht gewinnt allmählich auch in der Psychiatrie an Boden. Viele Psychiater und Psychologen behandeln Rückkehrer aus Todesnähe heute nicht mehr als psychisch gestört, sondern versuchen, ihnen zu helfen, diese Erfahrung in ihr Leben zu integrieren, so daß sie sie nicht verdrängen, sondern im Gegenteil positiv nutzen.

Nach einem meiner Vorträge berichtete mir ein Mann aus dem Publikum, Charlie Hill, ein treffendes Beispiel für das hilfreiche und inspirierende Eingreifen eines klugen Psychiaters. Charlie Hill war Ende Vierzig, als er nach einer Notoperation wegen eines blutenden Magengeschwürs einen Herzstillstand erlitt.

Charlie hatte ein typisches Todesnähe-Erlebnis. Dies

passierte in den frühen siebziger Jahren, zu einer Zeit, als TNE-Berichte noch nicht sehr bekannt waren. Als Charlie dem Chirurgen, der ihn operiert hatte, und seiner Frau von diesem Erlebnis berichtete, hielten beide ihn für so gestört, daß sie ihn zum Psychiater schickten.

Der hörte geduldig zu, als Charlie Hill ihm die wunderbare Vision schilderte, die er auf dem Operationstisch gehabt hatte. Danach war der Psychiater sichtlich bewegt. «Mr. Hill, Sie sind kein Psychotiker», sagte er. «Sie hatten ein spirituelles Erlebnis, wie viele große Männer in der Geschichte. Was Sie erlebt haben, das ist eine Sache zwischen Ihnen und Ihrem Herrgott.»

Kann man sich noch mehr Verständnis wünschen?

Kapitel 6

Die Todesnähe-Forscher

Bis zur Veröffentlichung meines Buchs «Leben nach dem Tod» gab es noch fast keine Forschungsarbeiten über das Phänomen der Todesnähe-Erlebnisse. Tatsächlich interessierte sich damals unter Medizinern und Psychologen noch so gut wie niemand für dieses Thema.

Die meisten Ärzte gingen über Todesnähe-Erlebnisse einfach hinweg, wenn sie von ihren Patienten davon erfuhren. Manche hielten die betroffenen Patienten sogar für «überdreht» und empfahlen ihnen eine psychiatrische Behandlung oder einen Klinikaufenthalt. Wie viele ihrer Kollegen heute hatten die Ärzte vor einem Jahrzehnt noch nie etwas von Erlebnissen «in einer anderen Welt» gehört. Selbst wenn sie sich die Mühe gemacht hätten, die Fachliteratur einmal daraufhin durchzusehen, hätten sie praktisch nichts gefunden. Es gab damals bloß ein paar einzelne Fallstudien, aber keinerlei klaren Rat, wie ein Arzt mit Rückkehrern aus Todesnähe sprechen oder wie er sie behandeln könnte.

Heute ist das anders. Dank einer Handvoll Wissenschaftler, die «Leben nach dem Tod» gelesen und Interesse an Todesnähe-Erfahrungen gewonnen haben, steht den Ärzten heute eine Fülle von Arbeiten – Zeugenberichte wie empirische Untersuchungen – zur Verfügung, anhand derer sie sich über dieses Phänomen orientieren können.

Durch die Arbeit dieser mutigen Forscher können die Ärzte heute nicht nur etwas über die Elemente der Todesnähe-Erfahrungen lernen. Sie können auch erfahren, wie man mit Patienten über dieses wunderbare und zugleich verwirrende Erlebnis spricht.

Ich nenne diese Forscher couragiert, weil man Mut braucht, um sich in Bereiche vorzuwagen, die noch keiner betreten hat. Wie die Entdeckungsreisenden die Erde erkundet haben, erkunden diese Wissenschaftler das Reich des Spirituellen. Manche, wie Michael Sabom und Kenneth Ring, gehen streng methodisch vor, um zu sicheren medizinischen Fakten zu kommen. Melvin Morse geht es ebenfalls um harte medizinische Fakten, nur beschränkt er sich auf die Todesnähe-Erlebnisse noch unverbildeter kleiner Kinder. Andere, wie der Philosoph Michael Grosso, betrachten Todesnähe-Erlebnisse im Spiegel der Philosophie, um den Sinn dieser Erfahrung und ihre Beziehungen zu anderen spirituellen Phänomenen zu ergründen. Alle diese Forscher trafen irgendwann auf Hindernisse, von Kollegenschelte bis zu Selbstzweifeln. Sie haben ihre Arbeit jedoch weiter vorangetrieben, aus dem unstillbaren Bedürfnis heraus, diese spirituellen Fragen zu beantworten.

Die Menschen, die ich hier vorstelle, gehören zu den tatkräftigsten Pionieren in diesem ergiebigen neuen Forschungsfeld. Selbstverständlich haben auch andere in diesem Bereich gearbeitet – aber die Genannten haben als erste in das Dunkel hineingeleuchtet und damit anderen den Weg gewiesen.

Melvin Morse

Dr. Morse, Kinderarzt in Seattle am Pazifik, war führend in der Erforschung der Todesnähe-Erlebnisse von Kindern. Seine Untersuchungen sind besonders wichtig, da die von ihm beobachtete Gruppe «unverbildet» ist, also noch nicht massiver religiöser oder sonstiger kultureller Beeinflussung ausgesetzt war. Gibt es Übereinstimmungen zwischen den Todesnähe-Erlebnissen von Kindern und denen sehr viel älterer Patienten, dann bekommen die Berichte von Kindern besonderes Gewicht.

Dr. Morse interessiert sich für Todesnähe-Erlebnisse, seit er als Assistenzarzt in einer Klinik in Idaho zum erstenmal über sie stolperte. Er hat seither fortlaufend auf diesem Gebiet geforscht.

«Ich war ja lange Zeit skeptisch», sagte mir Dr. Morse, als ich ihn in seinem Haus in Seattle besuchte. «Aber dann las ich eines Tages einen Artikel in einer medizinischen Fachzeitschrift, in dem Todesnähe-Erlebnisse als unterschiedliche Tricks des Gehirns erklärt wurden. Zu der Zeit hatte ich mich schon ausgiebig mit Todesnähe-Erlebnissen beschäftigt, und mir leuchtete keine der in dem Artikel aufgezählten Erklärungen ein. Schließlich wurde mir klar, daß der Verfasser die naheliegendste Erklärung übersehen hatte – Todesnähe-Erlebnisse sind wirklich. Der Schreiber hatte die Möglichkeit übersehen, daß die Seele wirklich woandershin reist.»

Hier Dr. Morses Geschichte in seinen eigenen Worten:

Ich begann mich für Todesnähe-Erlebnisse von Kindern zu interessieren, als ich in Idaho am Krankenhaus von Pocatello Assistenzarzt war. Ich hatte gerade Dienst, als ein Mädchen hereingebracht wurde, das fast ertrunken war. Das war ein ganz erstaunlicher Fall.

Das Mädchen war in der Badeanstalt schwimmen gewesen, als in dem überfüllten Becken eine große Rauferei ausbrach. Als alle das Schwimmbecken verlassen hatten, fand man sie am Boden liegend.

Zufällig war ein Arzt da. Er gehörte zu der Sorte, die in ihrer Sporttasche eine ganze medizinische Ausrüstung mit herumträgt, und konnte also gleich an Ort und Stelle mit der Wiederbelebung anfangen. Dann brachte man sie ins örtliche Krankenhaus, wo ich zu ihr gerufen wurde.

Sie befand sich in tiefem Koma: Die Pupillen waren starr und geweitet, Würge- und Hornhautreflex waren nicht mehr vorhanden. Ich dachte, wahrscheinlich ist es zu spät, wollte aber ein Computer-Tomogramm machen, um nachzusehen, wie schlimm es wirklich um sie stand. Dazu mußte ich eine Kanüle in ihre Vene einführen und ein Kontrastmittel injizieren, um ein gutes Bild zu bekommen. Ich werde nie vergessen, wie ich die Kanüle einführte. In hohem Bogen spritzte das Blut überall hin, während Eltern und Verwandte des Mädchens in einem Kreis um uns herum beteten.

Für mich war es keine Frage, daß sie eine schwere Gehirnschädigung zurückbehalten würde. Aber ich hatte mich geirrt. Binnen drei Tagen kam sie wieder hundertprozentig auf die Beine.

Also, im Medizinstudium hatte ich ja immer beigebracht bekommen, ich solle offene Fragen stellen. Man soll nie so fragen, daß die Patienten nur mit «ja» oder «nein» antworten können. Das ist der finanzielle Ruin meiner Praxis. Mein Kollege behandelt fünfzig Patienten am Tag. Aber ich schaffe nie so viel, weil ich zu sehr ins Reden komme und die Geschichte jedes Kranken von A bis Z hören will.

Ich hatte also dieses kleine Mädchen nach ihrer Entlassung aus dem Krankenhaus zu einer Nachuntersuchung bestellt. Ich sagte zu ihr: «Erzähl mir doch mal, was passierte, als du da in dem Schwimmbecken warst.» Ich wollte herausbekommen, ob sie plötzlich einen Anfall bekommen hatte oder ob sie jemand auf den Kopf geschlagen hatte, oder was los war. Statt dessen sagte sie zu mir: «Sie meinen, als ich zum himmlischen Vater ging und auf seinem Schoß saß?»

‹Wahnsinn›, dachte ich. «Das klingt interessant», sagte ich zu meiner kleinen Patientin. «Erzähl mir, wie das war.» Ich brauche nicht zu sagen, daß ich erstmal ganz baff war. Was mir diese Siebenjährige erzählte, war so klar, daß ich nur staunen konnte. Sie sagte, sie sei an einem dunklen Ort gewesen, aber sie wisse nicht, wo das war und wie sie da hingekommen sei. Sie habe nicht sprechen können. Es war augenscheinlich eine Art Tunnel. Dann kam eine Frau, um sie zu begrüßen. Sie hatte langes, goldblondes Haar und hieß Elizabeth. Sie nahm das Mädchen an der Hand, dann wurde es im Tunnel noch dunkler, und das Mädchen merkte, daß sie gehen konnte. Zusammen gingen sie an einen Ort, den sie als Himmel erkannte.

Das Mädchen sagte mir, dieser Ort habe eine Grenze ringsherum gehabt. Es sei wahrscheinlich ein kreisförmiger Ring gewesen, aber das habe sie nicht genau sehen können, weil er mit Blumen bewachsen war.

Ich dachte, ich müsse ihren Realitätssinn testen, und fragte sie: «Was bedeutet sterben?» Sie antwortete: «Sie werden selber sehen, im Himmel ist es schön.» Ich habe das nie vergessen, weil sie es so überzeugt sagte. Mit einem direkten Blick in meine Augen sagte sie: «Sie werden es sehen.»

Aber ich fragte sie noch einmal: «Was bedeutet es zu sterben?» Diesmal sagte sie: «Ich bin ja nicht richtig gestorben, denn wenn man stirbt, kommt man unter die Erde in einen Sarg.»

Ich fragte sie, ob sie dieses Erlebnis vielleicht geträumt habe. «Nein, es ist mir wirklich passiert», antwortete sie. «Aber es war nicht der Tod. Sterben ist, wenn man in einem Sarg in die Erde gelegt wird.»

Das war großartig, denn es entspricht genau der Wahrnehmung einer Siebenjährigen vom Tod.

Dann erzählte sie, sie habe Jesus getroffen, der sie zum himmlischen Vater brachte. Der himmlische Vater habe ungefähr gesagt: «Du solltest eigentlich noch gar nicht hier sein. Willst du hier bleiben oder zurückgehen?» Sie sagte, sie wolle bleiben. Da fragte er sie andersherum: «Möchtest du nicht bei deiner Mutter sein?» Sie sagte ja, und dann wachte sie auf.

Als sie aufwachte, fragte sie als erstes nach verschiedenen Leuten. Ihre ersten Worte waren: «Wo ist der und der?» Sie meinte die Leute, die sie im Himmel getroffen hatte. Natürlich verstand im Krankenhaus keiner, wovon sie redete.

Ich habe mit den Schwestern gesprochen, und sie bestätigten genau, was das Mädchen gesagt hatte. Sie sagten, als die Patientin wach wurde, habe sie nach Menschen gefragt, die nicht mit ihr verwandt waren und von denen niemand etwas wußte. Dann habe sie das Bewußtsein wieder verloren, und später seien diese Erinnerungen völlig verblaßt. Tatsächlich hatte die Patientin bis zu der Nachuntersuchung durch mich nicht mehr von diesem Erlebnis gesprochen.

Es war ein so lebendiges Erlebnis, daß ich wie elektrisiert war. Ich beschloß, für eine medizinische Fachzeitschrift darüber einen Artikel zu schreiben, da es bisher noch keine Darstellung eines solchen Vorfalls bei einem Kind ihres Alters gab. Ich quetschte auch andere Eltern und Verwandte nach ihrem Glaubenssystem aus, in deren Familie TNEs bei Kindern vorgekommen waren. Ich fragte sie, was man sie über den Tod gelehrt hatte. Ich wollte unbedingt herausbekommen, ob so etwas in irgendeiner Weise kulturell bedingt war.

Und was ergab sich? Es war überhaupt nicht kulturell geprägt. Oberflächlich wirkt es vielleicht so, aber wenn man tiefer grub und nachfragte, was dieses Kind über den Tod und das Jenseits gehört hatte, zeigte sich, daß sie ganz andere Dinge gelernt hatte, als in ihrem Erlebnis vorkamen.

Man hatte dieses Mädchen gelehrt, das Sterben sei wie die Überfahrt auf einem Segelboot. Wenn man sterbe, besteige man ein kleines Segelboot und fahre übers Meer in ein anderes Land. Vorstellungen von Schutzengeln oder Menschen, die einen in den Himmel geleiten, oder von der Entscheidung, dort zu bleiben oder zur Erde zurückzukehren, waren in ihrer religiösen Unterweisung nicht vorgekommen. Kein Element ihres Erlebnisses ähnelte auch nur im geringsten dem, was sie von ihren Familienangehörigen über den Tod gelernt hatten.

Trotzdem behaupteten viele meiner Kollegen steif und fest, das Todesnähe-Erlebnis dieses Mädchens müsse kulturell vorgegeben und durch ihre tief gläubige Familie beeinflußt sein. Daraufhin nahm ich mir vor, diese Frage selbst zu klären.

Ich fing an, in Idaho für eine Organisation namens *Airlift Northwest* zu arbeiten, die Flugtransporte ins Krankenhaus vornahm. Dadurch bekam ich Gelegenheit, tagtäglich mit vielen wiederbelebten Kindern zusammenzukommen.

Ich fragte den Leiter von *Airlift*, ob ich inoffiziell nach Todesnähe-Erlebnissen forschen dürfe. Er sagte, von ihm aus gern, und daraufhin begann ich, jedes Kind zu befragen, das in den letzten zehn Jahren in diesem Krankenhaus einen Herzstillstand überlebt hatte. Für diese Untersuchung brauchte ich ungefähr drei Jahre und durchforstete Hunderte von Krankenblättern.

Patienten über achtzehn Jahre ließ ich völlig unberücksichtigt. Ich interviewte alle Patienten, die einen Herzstillstand überlebt hatten, alle, die auf der Glasgow-Koma-Skala* einen Wert von drei hatten, und alle, die eine Krankheit hatten, an der sie wahrscheinlich sterben würden.

Außerdem las ich während dieser Zeit alles, was ich über zeitweilige Depersonalisation finden konnte. Dieses Krankheitsbild soll zustande kommen, weil sich unser Geist in aussichtslosen Situationen angeblich selber austrickst. Ich las diese Sachen, weil mir einer der Ärzte gesagt hatte, für Todesnähe-Erlebnisse sei zeitweilige Depersonalisation verantwortlich. Doch die Fallgeschichten, die ich las, klangen nicht wie Todesnähe-Erlebnisse.

Dann sah ich mir alle Medikamente an, die meine Patienten theoretisch bekommen konnten. Und ich las Fallstudien darüber, wie man sich bei Einnahme dieser verschiedenen Mittel fühlt. Auch dabei entdeckte ich keine Übereinstimmung mit Todesnähe-Erfahrungen. Aber das wollte ich ebenfalls selbst klären.

Unter den von mir untersuchten Patienten gab es also eine ganze Gruppe, die dem Tod nicht nahe gekommen war, aber meiner Ansicht nach besonders erschreckende

* Glasgow-Koma-Skala (nach G. Teasdale und B. Jennett, 1974): Diese Skala dient der Quantifizierung der Bewußtseinstrübung im Koma, um eine Vergleichbarkeit herzustellen. Die Einordnung erfolgt nach einem Punktesystem, bei dem das Öffnen der Augen, motorische und verbale Reaktionen des Patienten nach einem festgelegten Schema bewertet werden. Daraus resultiert eine Zahl zwischen drei und fünfzehn, wobei der tiefste Komazustand, bei dem jegliche Reaktion fehlt, die Zahl drei ergibt. (Anm. d. Übers.)

Erkrankungen hatte. Sollte jemand aus «anderen» Gründen – wegen Narkotika, sonstiger Medikamente oder wegen zeitweiliger Depersonalisation – ein Todesnähe-Erlebnis haben, dann bestimmt sie.

Ich suchte mir absichtlich ein paar besonders schwere Fälle aus. Darunter war eine Patientin, die seit vier Monaten vom Kopf abwärts gelähmt war. Sie hatte so entsetzliche Schmerzen, daß sie jedes nur denkbare Betäubungs- und bewußtseinsverändernde Mittel bekam, darunter Thorazin, Valium, Demerol, Morphium, Morphium-Tropfs. Daneben bekam sie ständig Hypnose-Behandlungen, bei denen sie sich selbst aktiv als außerhalb ihres Körpers visualisierte. Eine bessere Fallkontrolle war überhaupt nicht möglich. Ich meine: wenn sie wegen zeitweiliger Depersonalisation nicht so etwas wie ein Todesnähe-Erlebnis hatte, dann bekäme es keiner.

Tja, und sie hatte kein TNE. Keiner aus der Kontrollgruppe erlebte irgend etwas, das der Todesnähe glich. Sie erlebten überhaupt nichts. Sie sagten alle: «Ich träumte, daß Ärzte mit Spritzen auf mich zukamen.» Oder: «Ich träumte von Monstern.» Aber keiner erlebte etwas, was wir als Todesnähe-Erlebnis bezeichnen würden.

Die andere Gruppe – die Patienten, die haarscharf am Tod vorbeigegangen waren –, hatten alle Todesnähe-Erlebnisse, jeder einzelne von ihnen. Sie reisten durch Tunnels, beobachteten ihren Körper von außen, sahen Lichtwesen. Alle hatten sie praktisch das gleiche Erlebnis.

Auf die eine oder andere Art spielte Licht immer eine Rolle. In einem hochinteressanten Fall leuchtete, strahlte die Patientin geradezu, wie ihr Vater sagte. Er mußte an der Küste dreizehn Meter tief tauchen, um sie zu retten. Er sagte, er habe sie nur finden können, weil sie in helles Licht getaucht war.

Ein Patient erzählte mir, er habe kein Licht oder einen

Tunnel gesehen, sondern seinen eigenen Körper, der geleuchtet habe. Er befand sich in tiefer Dunkelheit oben in der Ecke des Raums, schaute hinunter und sah seinen eigenen Körper in einem sanften weißlichen Lichtschein. Als ihm dann ein Elektroschock gegeben wurde, wurde er wieder in seinen Körper zurückgesogen. Emotionen, Gefühle – nichts dergleichen empfand er. Es war weder glücklich noch traurig. Es geschah einfach.

Für die meisten Kinder in der Studie war das keinesfalls das eindrucksvollste Erlebnis ihres Lebens, was mir eine realistische Einschätzung zu sein schien. Sie nahmen es als Selbstverständlichkeit: Das also geschieht, wenn man stirbt.

Meine Arbeit mit Kindern hat mich zu zwei Schlußfolgerungen gebracht:

□ Es klingt sicher sehr unwissenschaftlich, aber nach meiner Überzeugung erlebt praktisch jeder, der eine Herz-Kreislauf-Wiederbelebung bekommt, so etwas wie eine Todesnähe-Erfahrung, vom Verlassen des Körpers bis zu kompletten Episoden mit dem Lichtwesen. Daß die Betroffenen sich hinterher nicht mehr daran erinnern, liegt wohl einzig daran, daß die verabreichten Medikamente – zum Beispiel Valium – einen Gedächtnisverlust bewirken. Zu diesem Schluß bin ich gekommen, weil die von mir untersuchten Patienten, die nicht so viele Medikamente bekamen, die eindrucksvollsten Erlebnisse hatten. Wenn man es sich überlegt, ist das auch schlüssig. Durch Morphium benebelte Patienten können sich wahrscheinlich nicht so gut an Todesnähe-Erlebnisse erinnern wie die, deren Erinnerungsvermögen nicht so sehr durch Medikamente beeinträchtigt wird.

□ Im Medizinstudium lernen wir, die einfachste Erklärung für ein medizinisches Problem zu finden. Nachdem ich alle anderen Erklärungen für Todesnähe-Erfahrungen geprüft habe, scheint mir die einfachste Erklärung, daß sie tatsächlich Einblicke in die jenseitige Welt sind. Warum auch nicht? Ich habe die verschlungenen psychologischen und physiologischen Begründungen alle gelesen, aber keine scheint mir wirklich befriedigend.

Und wer weiß denn schon wirklich, ob die Seelen der Sterbenden nicht tatsächlich ihren physischen Körper verlassen und in andere Räume reisen?

Ich habe alles verfügbare Material gesichtet und sehe keinen Grund, warum es nicht so sein sollte.

Michael Sabom

Dr. Michael Sabom war skeptisch, als er zum erstenmal von Todesnähe-Erfahrungen hörte. Sein Interesse an diesem Thema nahm aber immer mehr zu, da beschloß er, eine Untersuchung durchzuführen, die später zu einem Markstein in der Todesnähe-Forschung werden sollte. Er erforschte die TNEs von 116 Menschen und teilte sie in drei Klassen ein: heautoskopische (Verlassen des Körpers), transzendentale (Eintritt in eine «spirituelle Sphäre») und gemischte Erlebnisse, die heautoskopische und transzendentale Züge aufweisen.

Der vielleicht interessanteste Aspekt von Saboms Arbeit ist die kritische Untersuchung des Ausleibigkeitserlebnisses. Bei einem solchen Erlebnis verläßt die Person nach eigener Aussage ihren Körper und beobachtet, wie sie selbst von den Ärzten im Notfallraum oder während einer Operation wiederbelebt wird. Saboms Studie umfaßt 32 Patienten, die in dieser Weise ihren Körper verlassen hatten.

Er verglich ihre Schilderung der Reanimationsmaßnahmen mit den «fundierten Vermutungen» von 25 medizinisch bewanderten Patienten darüber, was vor sich geht, wenn ein Arzt versucht, das Herz wieder zum Schlagen zu bringen. Dr. Sabom wollte herausfinden, was der durchschnittliche «medizinisch gebildete» Patient, verglichen mit einem Rückkehrer aus einem Ausleibigkeitserlebnis, weiß.

Er stellte fest, daß 23 der 25 Mitglieder der Kontrollgruppe bei der Beschreibung der Reanimationsmaßnahmen schwerwiegende Fehler machten. Die Rückkehrer dagegen schilderten fehlerfrei, wie sie wiederbelebt worden waren – ein überzeugender Hinweis, daß sie ihren Körper tatsächlich verlassen hatten und von oben zusahen.

Ich unterhielt mich mit Sabom in Atlanta, wo er heute als Kardiologe eine private Praxis betreibt. «Ich bin überzeugter Christ und halte das zukünftige Leben für einen Grundpfeiler des Christentums», sagte er mir. «Aber ich finde, diese Dinge sollten nicht zu Sensationen aufgebauscht werden, wie es in einigen Fällen geschehen ist, sondern als Teil des normalen Lebens und Sterbens angesehen werden. Wenn man Todesnähe-Erlebnisse von dieser Warte aus betrachtet, erscheinen sie einem wohl nicht mehr so seltsam.»

Hier berichtet er selbst, wie sein Interesse an Todesnähe-Erlebnissen entstand und sich zu einer wichtigen Studie und dem Buch «Recollections of Death: A Medical Investigation»* ausweitete.

* Sabom, Michael B.: Erinnerungen an den Tod. Eine medizinische Untersuchung. Goldmann Taschenbuch Nr. 11741

1978 war ich in Gainsville in Florida und hörte durch Sarah Kreutziger, eine Sozialarbeiterin in der Psychiatrie, von dem Buch «Leben nach dem Tod». Sarah behandelte es im Religionsunterricht. Damals fragte sie mich, was ich davon hielte, und ich antwortete, ich fände es lächerlich. Ich hatte von meinen eigenen Patienten nie etwas über solche Erlebnisse gehört. Ich fuhr sogar ins Krankenhaus und fragte verschiedene Ärzte, ob sie davon gehört hätten, doch sie wußten nichts.

Aber ich fühlte mich jetzt doch herausgefordert, das Buch auch zu lesen. Ich fand es zwar sehr spannend, glaubte aber, offen gesagt, nicht, daß es wirklich auf Tatsachen beruhte.

Sarah war aufgefordert worden, das Buch der ganzen Kirchengemeinde vorzustellen, und wir dachten, es wäre interessant, das zusammen zu machen. Wir beschlossen, ein paar Patienten zu suchen, die selber so ein Erlebnis gehabt hatten. Ich fragte ein wenig unter meinen Patienten herum und war erstaunt, wie viele ein Todesnähe-Erlebnis gehabt hatten. Noch erstaunter war ich, daß diese Dinge direkt vor unserer Nase bei unseren Patienten vorkamen, ohne daß wir etwas davon ahnten.

Das Thema fesselte uns so sehr, daß wir uns vornahmen, eine Untersuchung über Todesnähe-Erlebnisse zu starten. Wir begannen Leute zu befragen, die einen Herzstillstand oder andere in die Grenzzone zwischen Leben und Tod führende Erkrankungen gehabt hatten, um herauszukriegen, welcher Prozentsatz ein TNE gehabt hatte, welcher Personenkreis betroffen war, unter welchen Umständen es dazu kam und so fort.

Im Rahmen einer Studie, die etwa fünf Jahre in Anspruch nahm, interviewten wir ungefähr 120 Menschen. Diese Befragung wurde zum Kernstück meines späteren Buchs.

Sie müssen wissen, daß ich sehr skeptisch an dieses Thema heranging. Ich bin von meiner Herkunft her sehr traditionsbewußt. Diese Untersuchung war das erste Mal, daß ich mich so weit von meiner traditionellen medizinischen Ausbildung entfernte.

Todesnähe-Erlebnisse zu erforschen, hieß für mich, ein paar vorgefaßte Meinungen zu begraben. Schließlich hatte ich mich durch meine Ausbildung ganz auf die physische, nicht auf die spirituelle Seite des Menschen konzentriert.

Der Aspekt des Erlebnisses, der mich am meisten zu interessieren begann, war das heautoskopische oder Ausleibigkeitserlebnis. Dabei schienen die Betroffenen in der Lage zu sein, auf eine Art paranormale Weise zu beobachten, was vor sich ging.

Der Fall, der mir das zu Bewußtsein brachte, war der eines Vietnamkriegsteilnehmers, der zu der Zeit am Veterans Administration Hospital hier in Atlanta arbeitete und an der Front ein solches Erlebnis gehabt hatte.

Er war sehr schwer verwundet worden und hatte im Gefecht ein Ausleibigkeitserlebnis gehabt. Er betrachtete von außen seinen physischen Körper, als die Vietkong auftauchten und ihm alles wegnahmen, was er hatte – seine Uhr, sein Gewehr, sogar seine Stiefel.

Er schaute sich das von oben an und sah auch, wie die Amerikaner später am Nachmittag noch einmal zurückkamen, seine «Leiche» in einen schwarzen Sack steckten und auf einen Lastwagen luden, um sie zum Einbalsamieren ins Leichenhaus zu bringen.

Als der Präparator nun über der linken Oberschenkelarterie einen Einschnitt machte, um die die Verwesung verhindernden Stoffe zu injizieren, merkte er, daß übermäßig viel Blut heraussickerte.

Ärzte wurden gerufen und erklären den «Toten» für

noch lebendig. Sie untersuchten ihn gründlich durch und brachten ihn dann sofort in den Operationssaal, wo ihm ein Arm abgenommen wurde.

Er sah das alles mit an.

Ich hatte zwar gewußt, daß dieser Mann drüben in Vietnam verwundet worden war, aber nicht, daß er ein solches Erlebnis gehabt hatte. Es kam heraus, als wir uns einmal über Vietnam unterhielten.

Insgesamt fand ich das, was er mir gesagt hatte, durchaus glaubwürdig, aber als Wissenschaftler wollte ich doch so etwas wie einen Beweis. «Macht es Ihnen etwas aus, wenn ich mir links Ihre Leistengegend ansehe?» fragte ich ihn. Und da sah ich links über seiner Oberschenkelarterie eine kleine Narbe von etwa zweieinhalb Zentimeter Länge. Das machte mir erst so richtig klar, daß die phantastische Story dieses Mannes stimmte.

Auf dem Schlachtfeld hatten ihn mehrere Personen tatsächlich für tot gehalten. Aber in einer anderen Sphäre war er immer noch bei Bewußtsein gewesen. Sein Verhalten in dieser Situation war gelassen und friedlich. Er war nicht entsetzt, noch litt er schlimme Schmerzen. Ich finde das sehr tröstlich. Ich muß immer an ihn denken, wenn ich Koma-Patienten behandle. Ob sie mir jetzt wohl von irgendwoher zuschauen?

Den Vietnam-Veteranen fand ich jedenfalls überzeugend, aber ich könnte Ihnen nicht mehr sagen, seit wann ich sicher war, daß es solche Erlebnisse wirklich gab. Erst als ich eine Menge Leute mit Todesnähe-Erlebnissen kennengelernt hatte! Aber als sie alle anfingen, mir immer mehr oder weniger das gleiche zu erzählen, fragte ich mich doch, ob sie das wohl irgendwo gelesen oder gehört hatten oder ob ihnen jemand von der eigenen erfolgreichen Wiederbelebung berichtet hatte.

Das erste, was mir bei den Berichten meiner Gewährsleute durch den Kopf ging, war: «Sie haben das Buch von Raymond Moody gelesen, nicht wahr?» Aber das stimmte nicht. Die meisten Patienten, die ich befragte, kamen aus dem nördlichen Florida. Sie achteten nicht sehr auf die Medien und solche Sachen, lasen nur gelegentlich die Zeitung und nur selten ein Buch. Aber ihre Erlebnisse waren sich so ähnlich, daß es mir vorkam, als ob sie alle ein und dieselbe Filmszene wiedergäben!

Während meiner Nachforschungen hörte ich von mehreren Fällen, wie jemand starb und irgend jemand anderes das im selben Augenblick spürte. Ich nahm solche Beispiele nicht in mein Buch auf, weil ich glaubte, ein solches telepathisches Wissen hätte nicht unbedingt etwas mit Todesnähe-Erlebnissen zu tun. Aber jetzt bin ich mir da nicht mehr so sicher. Je mehr ich darüber erfahre, desto stärker glaube ich, es könnte sich dabei um eine Art Ausleibigkeitserlebnis handeln.

Ein sehr merkwürdiger Vorfall passierte bei einem sechsjährigen sterbenden Jungen. Er bekam Morphium gespritzt, aber nach der ersten von drei Visionen brauchte er keine Betäubungsmittel mehr, weil er keine Schmerzen mehr hatte.

Während seiner ersten Vision sah er ein weißes Pferd und eine himmlische Sphäre, in die er einging. Dort sprach er mit Gott.

Während seiner zweiten Vision nahm er auf telepathischem Weg Verbindung zu seiner Großmutter auf, die wegen schwerer Arthritis seit vielen Jahren bettlägerig war. Ich weiß davon, weil der Junge die Vision um vier Uhr früh hatte. Zur selben Zeit erwachte die alte Frau und beharrte darauf, daß ihre Pflegerin sie ins Krankenhaus ans Bett ihres Enkels bringen sollte. Als sie dort ankam, rang er jedoch mit seiner dritten Vision und war nicht mehr klar. Kurz danach starb er.

Ich weiß, das klingt wie ein Artikel aus der Sensationspresse, aber diese und viele ähnliche Vorfälle sind auf ihren Wahrheitsgehalt überprüft worden.

Nach einer Weile wurden die Fakten so überwältigend, daß ich die Realität von Todesnähe-Erlebnissen nicht mehr bestreiten konnte. Allerdings kommt mir selbst heute noch manchmal die alte Befürchtung, ich könnte mir etwas zurechtgebaut haben. Aber dann brauche ich nur eines der Interviews zu lesen, die ich mit solchen Zeugen gemacht habe, und schon weiß ich wieder, daß an dieser Sache wirklich was dran ist.

Leider denken gerade die Leute, die in den medizinischen Zeitschriften das Sagen haben, nicht so. Dort steht man Todesnähe-Erlebnissen ablehnend gegenüber, weil sie eben ein wenig ungewöhnlich sind.

Es ist zu schade, daß dieses medizinische Establishment uns verwehrt, noch mehr Ärzte mit Informationen über Todesnähe-Erlebnisse zu erreichen, vor allem jetzt im High-Tech-Zeitalter, in dem so viele Kranke medizinische Unglücksfälle überleben, die früher tödlich verlaufen wären. Was man früher «Visionen auf dem Totenbett» nannte, ist heute das Todesnähe-Erlebnis, und die Patienten brauchen jemanden, der sie bei solchen außergewöhnlichen Erlebnissen berät. Wenn die Ärzte in diesen Dingen nicht Bescheid wissen, lassen sie ihre Patienten im Stich.

Michael Grosso

Als Philosoph nimmt Dr. Michael Grosso unter den TNE-Forschern einen einzigartigen Platz ein. Anders als seine stärker naturwissenschaftlich orientierten Kollegen sammelt er keine empirischen Daten, sondern sucht nach Parallelen zwischen Todesnähe-Erlebnissen und den Lehren der großen Philosophen. Und er hat einiges zutage gefördert. Wie Sie gleich erfahren werden, sieht Grosso enge Zusammenhänge zwischen den Todesnähe-Erfahrungen der Menschen, mit denen er gesprochen hat, und den Lehren der großen Philosophen von Platon bis Christus.

Darüber hinaus hat Michael Grosso, der an der New Yorker Columbia University studiert hat, noch weitere Zusammenhänge aufgedeckt. Bei einem Gespräch in seinem Haus in Riverdale im Staate New York war ich fasziniert von seiner Ansicht, daß das Todesnähe-Erlebnis mit vielen weiteren parapsychologischen Phänomenen verknüpft ist, so etwa mit dem Channeling: der Kontaktaufnahme mit Wesen in einer anderen Wirklichkeit. «Viele Türen führen in die spirituelle Sphäre», sagte Dr. Grosso. «Und die meisten sind einfacher zu durchschreiten als durch einen Beinahe-Tod.»

Für Grosso weist das Todesnähe-Erlebnis auf eine überkonfessionelle Religiosität hin, «einen Glauben der Art, wie Gott ihn im Sinn hat». Hier nun seine eigenen Worte zu diesem Thema:

Im Werk Platons gibt es eine wundervolle Geschichte, die heißt: «Der Mythos von der wahren Erde».

Sokrates erzählt sie im Gefängnis, kurz bevor er den Giftbecher nehmen muß, weil er die Jugend Athens «verdarb». Er spricht zu seinen Schülern über den Zustand der «wahren Erde» und die Befreiung des Geistes vom Körper. In diesem Mythos sagt er:

«Welche aber in ihrem Lebenswandel als besonders heilig befunden werden, die bleiben von diesen unterirdischen Orten verschont und wie aus Kerkern entlassen; sie fahren auf zu jener reinen Stätte und erhalten ihre Wohnungen über der Erde. Aber die unter ihnen, die sich durch die Philosophie genügend geläutert haben, leben körperlos in alle Ewigkeit und bekommen noch herrlichere Wohnsitze als jene; die zu beschreiben ist nicht leicht.»*

Interessanterweise sagt Platon hier, in dieser höheren Seinsweise auf der wahren Erde stünden die Menschen in direkter Verbindung mit den Göttern.

Genau das habe ich bei Rückkehrern aus Todesnähe erlebt. Ich glaube, daß sie durch ihr TNE «mit den Göttern» in Berührung gekommen sind. Und deswegen können wir auch eine Menge von ihnen lernen.

In der Zeit, als ich meine Doktorarbeit schrieb, hatte ich ein paar merkwürdige Erlebnisse. So sah ich zum Beispiel einmal ein UFO, was in gewisser Weise meine Vorstellungskraft gesteigert hat.

Dann fing ich an, parapsychologische Literatur zu studieren, und wieder ein paar Jahre später stieß ich durch Zufall auf Todesnähe-Studien. Und auf einmal forschte ich dann selber nach Beweisen für ein Leben nach dem Tod.

Was mich an Todesnähe-Erlebnissen besonders reizte, war, daß es so aussah, als hätten die Betroffenen einen Besuch auf der wahren Erde gemacht, von der Platon spricht. Außerdem waren ihre Erlebnisse real und spielten sich nicht nur auf symbolischer Ebene ab. Mitten im zwanzigsten Jahrhundert machten Menschen Erfahrungen, in denen Platons Vision nachklang. Das ließ mir keine Ruhe.

Ich fing an, nach Leuten zu suchen, die solche Erlebnisse gehabt hatten. Ich hatte gedacht, sie würden womöglich nicht gern darüber reden, aber es stellte sich rasch heraus, daß sie nur auf einen verständnisvollen Zu-

* Platon, Phaidon 62; Übersetzung von Rudolf Rufener, Zürich 1958

hörer gewartet hatten. Stets leiteten sie unser Gespräch mit der Einschränkung ein: «Wissen Sie, den meisten Leuten erzähle ich ja nichts davon.» Und dann fingen sie mit diesen faszinierenden Berichten an.

Für mich war das alles höchst spannend. Mir schien, als hörte ich von einer Reise in ein anderes Land, ein Land, vor dem ich mich bisher gefürchtet hatte, das ich aber eines Tages selbst würde erkunden müssen.

Eine Frau zum Beispiel machte eine schwere Geburt durch, als plötzlich mittendrin ihr Herz aussetzte. Die Ärzte fingen sofort tatkräftig mit der Wiederbelebung an, doch da geriet ihr Mann, der mit dabei war, in Panik. Er verlor völlig die Fassung, so daß er für die Ärzte im Operationssaal praktisch ein zweiter Patient war.

Sie brachten die Frau jedoch wieder auf die Beine und holten das Baby durch einen Kaiserschnitt.

Noch in derselben Nacht erzählte die Frau ihrem Mann, daß sie ihren Körper verlassen und von der Decke aus alles mitangesehen hatte, was im Raum vorgegangen war, als sie dem Tod nahe gewesen war. Sie war zwar noch völlig erschöpft, zählte aber alles auf, was sie gesehen hatte, einschließlich seiner jammervollen Gestalt in der Ecke.

Ein anderer schilderte mir sehr anschaulich sein eindrucksvolles Erlebnis, in dem vom Verlassen des Körpers bis zur Lebensrückblende alles vorgekommen war.

Aber noch eindrucksvoller als das TNE erschienen ihm die Nachwirkungen. Er staunte immer wieder über seine gesteigerte Sensibilität. Er war vor dem Erlebnis hektisch und betont rationalistisch gewesen, doch nun konnte er sich auch einmal weich und phantasievoll geben.

Meine Reaktion auf die Todesnähe-Berichte war meist intellektuell, insofern als ich Beziehungen zu allen möglichen Dingen darin entdeckte. So sah ich zum Beispiel Zusammenhänge mit dem Tibetanischen Totenbuch oder mit dem Bekehrungserlebnis des Saulus/Paulus in der Bibel. Beim Anhören der Berichte wurden Erinnerungen an meine Studentenzeit in mir wach.

So dachte ich zum Beispiel an die Anekdote über Thomas von Aquin, den scholastischen Philosophen und Theologen aus dem dreizehnten Jahrhundert, der fast bis an sein Lebensende (†1274) unermüdlich schrieb. Dann hatte er eine Lichterscheinung, worauf er sprach: «Alles, was ich geschrieben habe, ist nur leeres Stroh.» Er schrieb fortan nicht mehr und starb im Lauf eines Jahres ruhig und unter geheimnisvollen Umständen.

Die Berichte gaben mir alle das Gefühl, daß ganz normale, keineswegs hochgebildete, weder philosophisch noch mystisch erfahrene Menschen mir einen Blick in eine Seinssphäre ermöglichten, von der ich bisher nur durch Mystiker, Philosophen und Dichter gehört hatte. In gewisser Weise erschienen mir die Berichte wie Teile eines Puzzles: Voller Spannung beobachtete ich, wie sich vor meinen Augen allmählich ein immer klareres Bild herauskristallisierte. Das war sehr reizvoll.

Ich frage mich manchmal, wieweit der Ausspruch eines großen Hindu-Weisen zutrifft, der gesagt hat, in Gegenwart eines hochentwickelten Wesens bekomme man auch als weniger entwickelter Mensch einen spirituellen Anstoß, etwa so, als ob er einem die Hände auflegte. Manchmal frage ich mich, ob ich den Rückkehrern aus Todesnähe so gern zuhöre, weil einem durch den Kontakt mit ihnen so etwas wie Energie zuströmt.

Und ich meine, daß es im Grunde eine göttliche Energie ist. Wie viele andere glaube auch ich, daß uns das Todesnähe-Erlebnis Zugang zu einer göttlichen Dimension des menschlichen Bewußtseins eröffnet, die in uns allen schlummert. Andere Forscher haben gesagt, man könne auch auf andere Weise mit dieser Dimension des Bewußtseins in Berührung kommen. Hält man sich an die platonische Erkenntnistheorie – daß Wissen ein Wiedererinnern an Dinge ist, die wir bereits wissen –, dann wäre dieses spirituelle Bewußtsein in gewisser Weise bereits in uns angelegt.

Ich überlege mir wirklich, ob Todesnähe-Berichte uns so stark ansprechen, weil sie tiefgehende Erinnerungen in uns anrühren. Es wäre dann so eine Art Heimkehr. Diese Todesnähe-Berichte sind wie Echos einer Saite, die irgendwo in uns selbst schwingt, und wir wollen immer mehr davon hören, weil sie uns diesen Klang wieder zu Bewußtsein bringen.

Zugleich kamen mir Fragen. Wie sind Todesnähe-Erlebnisse zu erklären? Sind sie Illusionen oder Phantasien? Ich glaube, am meisten beeindruckt haben mich die Erfahrungen, in denen es zu einem nachprüfbaren Ausleibigkeitserlebnis kam. Sind diese Berichte zuverlässig, so kann man sie nicht abtun.

Insgesamt gesehen sind Todesnähe-Erlebnisse positive Ereignisse, die die Betroffenen zum Guten hin verändern. Allerdings kommt es gelegentlich auch zu negativen Erlebnissen. Ich habe diese immer ernst genommen und mich gewundert, warum es nicht mehr davon gibt. Im nachhinein wirken sie sich auf die Betroffenen normalerweise genauso positiv aus wie «himmlische» Erfahrungen, können jedoch, solange sie im Gang sind, absolut beängstigend sein.

Lassen Sie mich Ihnen ein eindrucksvolles Beispiel nennen. Da war ein junger Mann, der sich selbst umbringen wollte. Er war immer ein Tunichtgut gewesen und hatte es nicht weit gebracht. Dann nahm er eine Überdosis irgendeiner Substanz und wurde auf zwei verschiedene Seinsebenen versetzt. Auf der ersten erlebte er ausschließlich körperliche Schmerzen, Mißbehagen und Entsetzen, als er in Todesnähe geriet. Er erlitt im Beisein von Freunden einen Herzstillstand und lief blau an.

Durch einen glücklichen Zufall konnten seine Freunde ärztliche Hilfe holen, und er wurde reanimiert. Doch als er in der kritischen Sterbephase war, durchlief er, wie er mir später erzählte, das alptraumartigste Todesnähe-Erlebnis, von dem ich je gehört habe.

Der junge Mann beschwor Bilder von scheußlichen Wesen herauf, die sich an ihn klammerten und ihn hin und her zerrten. Es war, als sei er in Dantes Hölle hinabgestiegen. Er erlebte einen Alptraum des Eingeschlossen- und Verfolgtseins, in dem es nicht den leisesten Lichtblick gab. Kein Verlassen des Körpers, kein Lichtwesen, keinerlei Erfahrung von Schönheit und Wonne.

Dennoch verwandelte dieses Erlebnis den jungen Mann total. Er war danach ein anderer Mensch, das spürte man deutlich. Es ging nun eine Klarheit von ihm aus. Er war gesund und fähig, sein Leben selbst in die Hand zu nehmen. Wenn er auch kein besonders begabter oder ehrgeiziger Mensch war, hatte er in seinem Leben nun doch eine so klare Orientierung gewonnen, daß ich staunte.

Bei diesem jungen Mann ist mir etwas sehr Merkwürdiges passiert. Ich war sehr befriedigt, als ich seinen detaillierten Bericht über dieses «höllische» Todesnähe-Erlebnis auf Band aufgenommen hatte. Doch als ich es mir danach noch einmal anhören wollte, war es weg. Das Erlebnis, das mir der junge Mann erzählt hatte, war nicht mehr auf dem Band. Mein Recorder, den ich seit mindestens zehn

Jahren benutze, hat weder vorher noch seither je gestreikt. Doch als ich mir diesen Erlebnisbericht noch einmal vorspielen wollte, war er ausgelöscht.

Ich habe keine Erklärung dafür. Vielleicht ein Zufall, bestimmt aber eine merkwürdige Begebenheit am Rande.

Die Beschäftigung mit Todesnähe-Erlebnissen hat mich in zweierlei Hinsicht verändert. Einmal habe ich das Gefühl, jetzt näher am Leben dran zu sein. Das hat einen befreienden Effekt. Die zweite, interessante Veränderung ist, daß die Todesnähe-Erlebnisse mir die Augen geöffnet haben für vieles, was mit dem religiösen Erleben zusammenhängt.

Merkwürdig: obwohl mir dieses Thema manchmal zuviel wird, komme ich doch nicht davon los, denn es ist mit so vielen Dingen in meinem Leben verknüpft.

Der religiöse Aspekt bedeutet auch den Betroffenen sehr viel. Es ist paradox, aber viele Rückkehrer aus Todesnähe sagen, die schönsten Augenblicke in ihrem Leben waren, als sie beinahe-tot waren. Das erinnert an Euripides, der gesagt hat: «Woher wissen wir, daß die Lebenden nicht tot und die Toten lebendig sind?» Wissen Sie, das Todesnähe-Erlebnis bedeutet für den gesunden Menschenverstand eine schwere Kränkung. Mich reizt das. Aber viele finden es störend oder befremdlich. Für mich haben diese Dinge einen fast surrealistischen Anklang, und ich bin schon immer ein Bewunderer der Surrealisten gewesen. Wenn man so will, weisen diese Erlebnisse uns darauf hin, daß unsere gewohnte unreflektierte Weltsicht in mancher Hinsicht vielleicht ungenügend ist.

Es hat Versuche gegeben, Todesnähe-Erlebnisse als einen biologischen Mechanismus zu erklären, der einsetzt, wenn der Tod sich nähert. Ich halte nichts von dieser Erklärung, weil ich nicht einsehen kann, was unser Organismus von einem solchen Erlebnis haben soll, wenn der nicht umkehrbare Sterbeprozeß bereits in Gang gekommen ist und läuft. Ich kann mir das schlecht als biologische Funktion vorstellen, weil es ein paradoxes Phänomen ist. Was würde es unserem Körper bringen, wenn er sich in diese Richtung entwickelte?

Aber mit der spirituellen Evolution ist es eine andere Sache. Wie hat doch jener Philosoph einmal gesagt: «Genie zeigt sich, wenn du mit dem Rücken zur Wand stehst.» Als Gesellschaft stehen wir ganz klar mit dem Rücken an der Wand – der Wand der Atomwaffen. Wir können an diesem Punkt in unserer Geschichte tatsächlich biologisch nicht mehr lange überleben, es sei denn, es gäbe eine spirituelle Weiterentwicklung – oder Rück-Entwicklung, denn ich meine, in Wirklichkeit kehren wir ja zu dem in uns vorhandenen spirituellen Wissen zurück.

Vielleicht verläuft der schwer zu überschauende Evolutionsprozeß sogar so, daß die Entwicklung dieser selbstzerstörerischen Waffentechnik das spirituelle Erwachen letztlich fördert. Vielleicht ist die spirituelle Evolution etwas, das sich zeigt, wenn wir als Spezies keinen anderen Ausweg mehr haben.

Ich glaube, die Gefahr massenhafter Selbstvernichtung durch diese unerhört raffinierten Waffen fördert die weltweite Hinwendung zu übernatürlichen Phänomenen, die sich heute beobachten läßt.

Das Todesnähe-Erlebnis ist nur ein Paradigma innerhalb einer Gruppe verwandter Paradigmen, die durch die beschleunigte intellektuelle und technische Entwicklung in unserer Zeit aufgekommen sind.

Alle diese spirituellen Phänomene haben gemeinsame Züge. So gibt es etwa interessante Zusammenhänge zwischen bestimmten tiefreichenden Todesnähe-Erlebnissen und prophetischen Voraussagen. Und es zeigen sich Verbindungen zwischen Begegnungen mit UFOs und jenen erstaunlichen, als «marianische Visionen» bekannten Kollektiverscheinungen, in denen die Jungfrau Maria an Hauswänden oder an anderen Plätzen einer Stadt erscheint.

Ich meine, es handelt sich hier um eine ganz fundamentale Verflechtung. Alle diese Phänomene sind Zeichen eines kollektiven Bewußtseinswandels, der als Reaktion auf eine mögliche nukleare Vernichtung in Gang gekommen ist.

Übrigens ist es aufschlußreich, daß die ersten UFOs 1947 gesehen wurden, kurz nach dem Abwurf der ersten Atombomben. Gleichzeitig gab es auf einmal weltweit eine immer raschere Folge von marianischen Visionen.

Ich halte auch das sogenannte Channeling-Phänomen, bei dem es möglich wird, mit Toten zu sprechen, für eine Spielart dieses spirituellen Öffnungsprozesses. Man kann sogar sagen, das Channeling ist ein einfacherer Zugang zur Todesnähe-Erfahrung, ein nicht lebensbedrohliches Eindringen in dieselben Bewußtseinsräume wie bei einem TNE. Bei all diesen spirituellen Erlebnissen gehen die Menschen durch die gleiche Tür, aber eben auf unterschiedliche Weise.

Diese Denkweise hat meinem Ruf unter Kollegen weder geschadet noch genutzt. Ein paar Professoren am Jersey City State College, an dem ich lehre, wollten über diese Dinge mit mir reden, aber mindestens genauso viele haben mich deswegen geschnitten.

Bei Akademikern gilt die Erforschung übernatürlicher

Ereignisse leicht als rückschrittlich, abergläubisch und irrational. Diese Einstellung macht mir nichts aus, aber sie hat mir in Fachkreisen natürlich auch nicht gerade weitergeholfen. Vielleicht sollte ich sogar dankbar sein, daß man mir mit höflicher Neutralität begegnet.

Kenneth Ring

Ich habe oft gesagt, Ken Ring habe meine Arbeit legitimiert. Mein Buch wurde in Medizinerkreisen lebhaft kritisiert, weil es auf den Todesnähe-«Geschichten» von einigen Dutzend Menschen aufbaut, aus denen ich bestimmte Gesetzmäßigkeiten ableitete. Man warf mir vor, ich sei zu sehr wie ein Zeitungsreporter und nicht wissenschaftlich genug an das Thema herangegangen. Ring hat dann glücklicherweise den Schritt zum Wissenschaftlichen hin getan.

Er wußte schon als Psychologiestudent von Todesnähe-Erlebnissen. Doch erst nachdem er 1977 «Leben nach dem Tod» gelesen hatte, war er so gefesselt, daß er selbst zu forschen anfing.

Ring untersuchte im Detail die Erlebnisse von 102 Rückkehrern aus Todesnähe und konnte zeigen, daß die Religionszugehörigkeit dabei genausowenig ins Gewicht fällt wie die ethnische Herkunft. Das gleiche gilt für das Alter der Betroffenen. Ring bestätigte auch meinen Befund, daß das Todesnähe-Erlebnis im Kern eine positive Erfahrung ist, die den Menschen verwandelt.

Rings Forschungsarbeiten werden von allen herangezogen, die sich ernsthaft mit diesem Thema befassen. Wie im 1. Kapitel erwähnt, halten sich heute alle TNE-Forscher an die Methode und die Fragen, die Ring seiner Untersuchung zugrunde legte. Die Ergebnisse seiner Untersuchung finden sich in seinem Buch «Den Tod erfahren, das Leben gewinnen».* Hier seine Geschichte:

Ich brauchte nur einmal von einer Todesnähe-Erfahrung zu hören, und schon hatte es mich für immer gepackt. Das war 1977, nachdem ich genug über dieses Phänomen gelesen hatte, um selbst weiterzuforschen. Jener erste Erlebnisbericht war der Auslöser. Dann wollte ich immer mehr darüber hören.

Mein erster Augenzeugenbericht kam von einer Frau, deren Blutdruck während der Entbindung rapide abgesackt war. Auf einmal wurde es schwarz um sie. Als sie «das Bewußtsein wiedererlangte», befand sie sich an der Decke des Operationssaals und sah von oben zu, wie die Ärzte sie wiederbelebten und das Neugeborene wegbrachten.

Sie glitt weder durch einen Tunnel, noch sah sie Lichtwesen, aber ihr zogen Gedanken durch den Kopf, als ob ein anderer mit ihr spräche. Jemand sagte ihr, daß sie wieder gesund werden würde und in ihren Körper zurückkehren müsse. «Du hast jetzt einen Vorgeschmack erlebt», sagte die Stimme. «Nun mußt du zurück.»

Die Stimme sagte ihr, daß sie das Baby Peter nennen sollten (bisher hatten sie an «Harold» gedacht) und daß es einen Herzfehler habe, der jedoch nach einiger Zeit besser würde.

All das traf ein, ganz wie die Stimme es gesagt hatte.

Diese Geschichte faszinierte mich. Aber vielleicht sollte ich noch sagen, daß ich mich nicht gleich für Todesnähe-Erlebnisse interessierte. In meiner Arbeit als Psychologe interessierten mich zunächst veränderte Bewußtseinszustände, deshalb las ich zuerst in medizinischen Zeitschrif-

* Vgl. Fußnote auf Seite 36.

ten über dieses Thema nach. Darin fand ich Material, das zeigte, was an der Schwelle des Todes mit Menschen geschieht. Danach las ich ein paar Bücher über Parapsychologie und dann «Leben nach dem Tod». Und da hat es mich gepackt. Ich erinnere mich noch, daß ich wie elektrisiert in meinem Garten saß und las. Ich fing sogar an, Überlegungen für Forschungsprojekte an den Rand der Seiten zu kritzeln. Ich spürte unmittelbar: «Das will ich machen.»

Ich beschloß, eine eigene Studie durchzuführen, die einige meiner Fragen zum Todesnähe-Erlebnis beantworten sollte:

- Wie viele Menschen durchlaufen die fünf großen Stadien des Todesnähe-Erlebnisses (Gefühl inneren Friedens, Trennung vom Körper, Eintritt in Dunkelheit, Erblicken des Lichts, Eintritt in das Licht)?
- Wirkt sich die Religion der Betroffenen auf das Erlebnis aus?
- Was sind die Nachwirkungen des Todesnähe-Erlebnisses? Nehmen sie den Menschen wirklich die Angst vor dem Sterben und machen sie lebensbejahender?

Um diese Fragen zu beantworten, mußte ich erst Betroffene finden. Ich besuchte eine Reihe von Krankenhäusern in Connecticut und hielt Vorträge vor den unterschiedlichsten Gremien, um den Leuten klarzumachen, was ich vorhatte.

Ich mußte mich ordentlich ins Zeug legen, um den konservativen Medizinern an diesen Krankenhäusern zu zeigen, daß mein Forschungsvorhaben seriös war. Aber schließlich bekam ich die Erlaubnis, die nötigen Schritte zu unternehmen. Die Krankenhäuser überwiesen mir sogar Patienten, die dem Tod nahe oder klinisch tot gewesen waren. Ich holte mir dann bei ihren Ärzten die Genehmigung, mit ihnen zu sprechen.

Es spielte keine Rolle, ob sie ein Todesnähe-Erlebnis gehabt hatten oder nicht, denn mit der Studie wollte ich ja unter anderem herausfinden, wie viele Menschen, die dem Tod knapp entgangen waren, ein solches Erlebnis gehabt hatten. Aber insgeheim hoffte ich, daß viele mit einem TNE dabeisein würden, denn ich wollte zu gern noch einmal ein Todesnähe-Erlebnis hören.

Na, und die zweite Person, die ich befragte, hatte ein derartiges Erlebnis gehabt.

Ich war so aufgeregt, daß ich wie auf einem Pulverfaß saß. Dieses Gefühl habe ich immer noch, bis zum heutigen Tag, obwohl ich doch mittlerweile schon mit so vielen Rückkehrern gesprochen habe.

Ich fuhr dann viel in Neuengland herum, um die Leute zu interviewen, die ein Todesnähe-Erlebnis gehabt hatten. Sie waren inzwischen aus dem Krankenhaus entlassen, also setzte ich mich mit ihnen in ihr Wohnzimmer und befragte sie. Den gesamten Rückweg nach Hartford hörte ich mir dann immer die Interviews auf der Kassette an. Diese Berichte schlugen mich so in ihren Bann, daß ich sie mir immer wieder anhörte.

Daß ich beim Hören dieser Berichte ein religiöses Erlebnis gehabt hätte, wäre zuviel gesagt, aber ich meine doch, daß der Umgang mit Rückkehrern aus Todesnähe einem einen gewissen Anstoß gibt. Kennen Sie das Gefühl, das einen überkommt, wenn man mit jemand spricht, der in einem fernen Land gewesen ist, auf das man schon immer neugierig war? Oder so eine Hochstimmung, wie man sie vielleicht hätte, wenn man einem Astronauten oder Entdecker begegnet? So etwa fühlte ich mich, als wäre ich mit einer höheren geistigen Ordnung in Berührung gekommen.

Das Merkwürdige war, daß diese Interviews meinen Gesprächspartnern ebenso wichtig waren wie mir. Viele hatten bisher überhaupt noch nicht davon gesprochen, oder nur einfach widerwillig, weil sie es einmal loswerden wollten. Normalerweise ernteten sie bei diesen Versuchen nur Unverständnis, oder sie wurden schlankweg ausgelacht.

Jemanden wie mich zu treffen, der sich aufrichtig für ihr Todesnähe-Erlebnis interessierte, nahm den Rückkehrern einen großen Druck von der Seele. Dadurch, daß ich sie verstand, konnten sie sich mir anvertrauen. Oft hatten sie ebenso viele Fragen an mich wie ich an sie.

Manche der Betroffenen wollten wissen, ob sie «anders» seien. Andere fragten, ob sie «verrückt» seien. Sie fragten, warum sie sich nach ihrem Todesnähe-Erlebnis so anders fühlten und warum ihre Familien nichts damit anfangen konnten. In fast allen Fällen, mit denen ich zu tun hatte, wollten die Betroffenen einfach nur, daß jemand ihnen mit Verständnis zuhörte, ohne zu urteilen. In mir sahen sie einen aufgeschlossenen Zuhörer, der sie wegen ihres Erlebnisses nicht schief ansah.

Fast jedesmal sagten sie: «Das ist das tiefste und intimste spirituelle Erlebnis, das ich je gehabt habe.» Ich glaubte ihnen das. Am Ausdruck ihrer Augen konnte ich erkennen, daß ihr Erlebnis nur zum kleinsten Teil mit Worten ausgedrückt werden konnte. Ich hatte klar das Gefühl, daß es um etwas sehr Persönliches, ja Heiliges ging.

Für mich war es so spannend, daß ich Mühe hatte, bei den festgelegten Interview-Fragen zu bleiben. Manchmal kritisierte ich mich, weil ich gefühlsmäßig so beteiligt war, bis mir aufging, daß ich durch die Gespräche mit diesen Menschen auf eine Quelle spiritueller Einsicht gestoßen war. Und da sagte ich mir, nur wenn ich aus Stein wäre, würde ich mich jetzt nicht öffnen.

Dazu hier die Abschrift eines TNE-Berichtes einer Frau, die bei einer Darmoperation beinahe gestorben wäre:

«Ich erinnere mich, daß ich über dem Bett war, also ich hatte mein Bett verlassen und schaute auf meinen Körper da unten im Bett hinunter. Und ich weiß noch, daß ich zu mir selber sagte: ‹Ich will nicht, daß ihr an mir herumschneidet!› ... Ich weiß, daß die Ärzte lange Stunden mit mir beschäftigt waren. Erst schwebte ich über meinem Körper, und dann war ich auf einmal in einer Art Tal. Dieses Tal kam mir so vor, wie ich mir das ‹finstere Tal› aus der Bibel immer vorgestellt habe. Aber ich weiß auch noch, daß es ein sehr schönes Tal war, sehr lieblich. Ich war in diesem Moment ganz ruhig. Ich traf einen Menschen in diesem Tal. Es war – das merkte ich später – mein [verstorbener] Großvater, den ich nie kennengelernt hatte. Ich entsinne mich, daß er zu mir sagte: ‹Helen, gib nicht auf! Du wirst doch noch gebraucht, und ich bin noch nicht bereit für dich.› So ungefähr redete er mit mir. Und dann erinnere ich mich an Musik, man könnte vielleicht sagen, Kirchenmusik, geistliche Musik. Sie hatte etwas Trauriges, etwas sehr Ehrfurchtgebietendes.»

Obwohl ich schon Tausende solcher Geschichten gehört habe, bringe ich es nicht fertig, «abzuschalten», wenn mir jemand ein weiteres TNE mitteilen will. Immer wieder kommen Menschen auf mich zu und sagen: «Sie haben sicher schon genügend Berichte beisammen, aber hier habe ich noch einen.» Und schon steigt wieder die Erwartung in mir hoch. Es ist keine Sucht, aber ich werde dieser Erlebnisse einfach nie müde.

Ich fühlte mich so vertraut mit den Rückkehrern, daß ich etwas tue, was man als Psychologe eigentlich nicht darf: Ich nenne sie meine «Freunde». Tatsächlich bin ich mit mehreren Menschen, die ich im Rahmen meiner Untersuchung befragte, in Verbindung geblieben.

Ich glaube, das kommt, weil wir etwas miteinander teilen, das nur wenige verstehen. Das hat eine Bindung zwischen uns geschaffen, die die übliche Beziehung zwischen Interviewer und Befragtem übersteigt. Dazu sind diese Menschen so angenehm im Umgang, daß es einfach schade wäre, sie nur einmal zu sehen. Vielfach frage ich sie, ob sie zu meinen Seminaren kommen wollen oder ob sie bereit wären, in einer Radio- oder Fernsehsendung aufzutreten.

Die Schwierigkeit ist dann natürlich, die eigenen Freunde als Forschungsobjekt zu behandeln. Das ist nicht immer leicht.

Die Todesnähe-Forschung hat mein Leben in vielerlei Hinsicht verändert. Zunächst einmal bin ich «spiritueller» geworden – nicht fromm, wohlgemerkt, sondern spirituell. Was der Unterschied ist? Ein weiser Mann hat einmal gesagt: «Der Fromme folgt den Lehren seiner Kirche, der Spirituelle der Führung seiner Seele.»

Die Beschäftigung mit Todesnähe-Erlebnissen hat mich davon überzeugt, daß das stimmt. Bei genauerem Hinsehen merkt man, daß Todesnähe-Erlebnisse in verschiedenen großen Weltreligionen eine Rolle spielen. Welches ist die fundamentale Lehre, die der Rückkehrer aus Todesnähe mitbringt? Daß Wissen und Liebe das Wichtigste sind. Der ganze dogmatische Schmus ist erst durch die formalisierten Religionen dazugekommen.

Die Erforschung von Todesnähe-Erlebnissen hat auch meine Ansicht über das Leben nach dem Tod verändert.

Diesen Ausdruck verwende ich jetzt nicht mehr. Ich glaube, es gibt nur das Leben. Wenn der physische Körper ausgedient hat, löst sich die Seele von ihm und lebt weiter.

Todesnähe-Erlebnisse haben mir ein gutes Bild davon vermittelt, wie diese Trennung von Körper und Geist vor sich gehen wird. Sie haben mich davon überzeugt, daß es nur das Leben gibt. Der Tod ist etwas, das wir nur von außen kennenlernen.

Meine Studien haben mich auch gelehrt, das, was wir als das Ende betrachten, nicht zu fürchten. Ich sehe diesem Abenteuer, wie immer es aussehen wird, voller Erwartung entgegen.

Robert Sullivan

«Ich verdiene zwar mein Geld in der Kunststoffbranche», sagt Bob Sullivan. «Aber das ist nicht wirklich mein Beruf.» Der in Pennsylvania lebende Sullivan ist auch noch Todesnähe-Forscher. Sein Spezialgebiet: TNEs im Krieg.

Sullivans Interesse an Todesnähe-Erlebnissen erwachte in den späten Siebzigern, nachdem er einen Vortrag von Kenneth Ring gehört hatte.

«Das Thema hat bei mir eingeschlagen», erzählt Bob. «Ich ging zu Ring und fragte ihn, ob schon jemand untersucht hätte, was mit Menschen in Gefechtssituationen passiert. Er sagte nein und schlug mir vor, ich solle das machen. Und so beschloß ich auf der Stelle, ein Forscher zu werden.»

Sullivan brachte alle Voraussetzungen mit, die man braucht, um dieses Thema zu erforschen. Außer Neugier verfügte er über Militärerfahrung, da er in den Sechzigern in der Armee und danach mehrere Jahre in der Reserve gedient hat. Außerdem hat er auf dem College Psychologie studiert, allerdings mit einem sehr eingeengten Verständnis dieses Fachs. «Für mich gab es damals nur chemische Prozesse und elektrische Impulse», sagt er. Neben seiner Arbeit im Familienunternehmen engagierte Sullivan sich in der Krisenberatung eines örtlichen Krankenhauses, wo er sich um Menschen kümmerte, die Selbstmordabsichten geäußert hatten.

«Meine Zeit als Berater hat mir geholfen, mit Rückkehrern aus Todesnähe-Erlebnissen umzugehen», sagt Robert Sullivan. «Bei meiner Untersuchung stieß ich auf ein paar wirklich erstaunliche Fälle. Um alles zu erfahren, was ich wissen wollte, mußte ich ganz schön tief schürfen.»

Heute steht Sullivan als Direktor einer Kunststoffirma wieder im Geschäftsleben. Aber in seiner Freizeit – so wenig ihm davon bleibt – hält er immer noch vor Gruppen Vorträge über das Todesnähe-Phänomen.

In meinen drei Jahren als Todesforscher sprach ich mit rund vierzig Kriegsveteranen, die Todesnähe-Erlebnisse gehabt hatten. Diese variierten in ihrer Stärke von kompletten Erlebnissen bis zu dem Empfinden von innerem Frieden und Gelassenheit bei Schwerverwundeten. Im ganzen gesehen hatten die Soldaten dieselben Todesnähe-Erlebnisse wie Menschen, die sich nicht «in der Hitze des Gefechts» befanden, was ein weiteres Mal beweist, daß das Todesnähe-Phänomen im wahrsten Sinn des Wortes kulturübergreifend ist.

Zu einem Todesnähe-Erlebnis, das ich hier erwähnen möchte, kam es bei einem jungen Burschen namens Tom. Er trat als Soldat in Vietnam auf eine Mine, die ihm ein Bein buchstäblich wegriß. Daraufhin durchlief er ein komplettes Todesnähe-Erlebnis. Er verließ seinen Körper, jagte durch einen Tunnel, sah ein Lichtwesen und eine

Rückschau über sein vergangenes Leben. Dann befand er sich auf einmal wieder in der Kampfzone, wo noch Staub in der Luft hing und das Blut aus seiner Wunde strömte.

Als Sanitäter und Arzt vorbeikamen, waren sie verblüfft. Da hatte dieser junge Mann ein Bein verloren und redete doch, während ihm die Aderpresse angelegt wurde, von nichts anderem als von seinem Flug durch den Tunnel.

Rückkehrer aus Todesnähe sind schon erstaunlich. Einige der von mir Befragten erwähnten «außergewöhnliche» Erlebnisse in Kampfsituationen, wie sie in «zivilen» Berichten nie vorkommen.

So berichteten mir zwei Männer, daß sie heranfliegende Geschosse so früh sahen, daß sie ihnen gut ausweichen konnten. Die Kugeln seien ihnen fast wie Baseballs erschienen. Sie seien so deutlich zu sehen gewesen, daß sie ihnen ausweichen konnten, wie der Schlagmann im Baseball einem in Kopfhöhe geworfenen Ball ausweicht.

Ein Teilnehmer am Zweiten Weltkrieg behauptete, er habe ein Blickfeld von 360 Grad überschaut, während er vor einem deutschen Maschinengewehr-Trupp wegrannte. Er habe dabei nicht nur gesehen, was vor ihm war, sondern auch, wie die Schützen versuchten, ihn von hinten zu erwischen. Ein anderer Veteran behauptete, er habe mit hundertprozentiger Genauigkeit vorhersagen können, wer bei einem bevorstehenden Gefecht verwundet oder getötet werden würde. Als sich diese Fähigkeit unter seinen Kameraden herumgesprochen habe, hätten sie sich morgens in aller Frühe bei ihm angestellt, um zu erfahren, wer heute «dran» sei.

Wie die Rückkehrer aus metaphysischen Todesnähe-Erlebnissen haben sich auch diese Betroffenen nicht danach gedrängt, besondere Fähigkeiten zu besitzen. Sie besaßen sie einfach. Sie blieben ihnen ebenso unerklärlich wie uns, die wir uns um ihre Erhellung bemühten.

All das sagt mir, daß wir jedesmal, wenn wir meinen, eine Tür zum Verständnis von Todesnähe-Erlebnissen geöffnet zu haben, vor weiteren verschlossenen Türen stehen. Bei Kriegserlebnissen kommen außerdem noch parapsychologische Fragen dazu. Für sie und für Todesnähe-Erlebnisse insgesamt habe ich keine Erklärung, nur Mutmaßungen.

Fast jeder will wissen, was ich von Todesnähe-Erfahrungen halte. Dasselbe frage ich mich: Leuchtet in ihnen eine jenseitige Welt auf, oder sind sie ein eigenartiger Ausrutscher unserer Körperchemie? Meine Antwort: Ich weiß es nicht.

Als ich zum erstenmal von solchen Erlebnissen hörte, hielt ich sie für das Eingangstor zum Jenseits. Ich zog alle meine Kenntnisse in Psychologie, Chemie, Philosophie und Religion heran und nahm sie, so genau ich konnte, unter die Lupe. Die Schwierigkeit war, daß jede Frage ein Dutzend neuer Fragen aufwarf. Die vergebliche Suche nach Antworten hat mich am meisten frustriert.

Ich bin inzwischen zu dem Schluß gekommen, daß sich die wahre Bedeutung von Todesnähe-Erlebnissen nicht festlegen läßt. Ich glaube zwar, daß sie uns einen Blick auf eine andere Realitätsebene ermöglichen. Aber ist das bereits ein Leben nach dem Leben? Ich weiß es wirklich nicht.

Auf jeden Fall geben Todesnähe-Erlebnisse uns Gelegenheit, über den Tod zu sprechen, ein Thema, an dem wir alle – wenn auch vielleicht nur unbewußt – interessiert sind. Ich meine, das ist die konstruktivste Art, über den Tod zu sprechen.

Ich will Ihnen ein Beispiel geben. Der Mann, dem ich vor mehreren Jahren meine Firma verkaufte, war ein ganz normaler, gewiefter Geschäftsmann. Nachdem wir die Verträge unterzeichnet hatten, lud er mich zum Essen ein und fragte mich, was ich vorhätte, nun da ich aller geschäftlichen Verpflichtungen ledig war. Er wird mich für verrückt erklären, wenn ich ihm sage, daß ich Todesnähe-Erlebnisse erforschen will, dachte ich, aber ich sagte es ihm trotzdem.

Er war fasziniert. Er erzählte mir von seiner Tante, die ein Todesnähe-Erlebnis gehabt hatte, und wir verbrachten den Abend mit einer angenehmen Unterhaltung über den Tod. Später fiel mir ein, daß es für die Gäste an den anderen Tischen so ausgesehen haben muß, als ob wir über eine Baseball-Mannschaft oder etwas Ähnliches redeten. Aber nein, wir sprachen über den Tod.

Hinsichtlich der Menschen, die Todesnähe-Erlebnisse haben, bin ich zu einigen Schlußfolgerungen gekommen, die man nicht von der Hand weisen kann.

Einmal glaube ich, daß Rückkehrer aus Todesnähe eine besondere Art von Energie ausströmen. Wenn man mit ihnen umgeht, spürt man das ganz deutlich.

Eines Abends mußte ich durch einen Schneesturm fahren, um einen Vortrag über Todesnähe-Erlebnisse zu halten. Ich hatte erwartet, daß bei einem solchen Wetter kein Mensch kommen würde, aber als ich hinkam, warteten bereits fünfzig Leute.

Ich hielt also mein Referat über Todesnähe-Erfahrungen und eröffnete dann die Diskussion. Mehrere Zuhörer hatten selbst ein TNE gehabt und begannen, davon zu berichten. Der Abend dauerte noch zwei Stunden länger.

Ich muß Ihnen sagen, danach war ich richtig high. Es war ein Gefühl, als ob ich ein Rauschmittel genommen hätte. Diese Menschen strahlten eine Energie aus, daß ich danach fast die ganze Nacht aufblieb.

Seither nenne ich das das «Gruppen-Aura-Erlebnis». Verschiedene Bekannte von mir haben es erlebt. Zweifellos ist es die Energie, die diese Menschen ausströmen, die die TNE-Forscher geradezu «süchtig» nach Begegnungen mit ihnen macht.

Außerdem bin ich zu dem Schluß gekommen, daß Todesnähe-Erfahrungen letztlich positive Erlebnisse sind, selbst für Kriegsversehrte. Das ist insofern wichtig, als es bei vielen ehemaligen Kriegsteilnehmern zu posttraumatischem Streß kommt. Viele Rückkehrer aus Todesnähe, mit denen ich gesprochen habe, haben diese nachwirkende seelische und körperliche Belastung ebenfalls erlebt. Aber sie haben es schließlich dennoch geschafft, das Todesnähe-Erlebnis in ihr normales Leben zu integrieren und sich dadurch als Mensch weiterzuentwickeln.

Kapitel 7

Erklärungen

Häufig wird versucht, im Todesnähe-Erlebnis etwas anderes zu sehen als eine spirituelle Erfahrung oder einen Blick in die Anderswelt. Ich möchte im folgenden so viele Erklärungsansätze wie möglich vorstellen und zugleich meine Stellungnahme – und die meiner Forscherkollegen – dazu anführen. Doch zuvor möchte ich erklären, warum ich Todesnähe-Erlebnisse für spirituelle Erfahrungen halte.

Wie in diesem Kapitel zu sehen ist, enthalten verschiedene Theorien – theologische, medizinische und psychologische – die Tendenz, das Todesnähe-Erlebnis als körperliches oder psychisches Phänomen hinzustellen, das mehr mit einer Fehlfunktion des Gehirns als mit einem spirituellen Abenteuer zu tun hat.

Zwei Punkte passen den Vertretern dieser Auffassung jedoch überhaupt nicht ins Konzept: Wie kommt es, daß die Patienten ihre eigene Wiederbelebung so detailliert schildern und genau und lückenlos erklären können, wie die Ärzte vorgingen, um sie ins Leben zurückzuholen? Und warum können so viele Menschen nachträglich beschreiben, was sich in anderen Räumen des Krankenhauses abspielte, während sie im Operationssaal wiederbelebt wurden?

Für mich sind das zugleich die schwierigsten Fragen,

die sich dem Todesnähe-Forscher stellen. In der Tat gibt es darauf bisher keine andere Antwort als die Feststellung: Diese Dinge sind tatsächlich vorgekommen.

Bevor ich auf das breite Spektrum von Erklärungsversuchen für Todesnähe-Erfahrungen eingehe, wollen wir uns erst noch ein paar Beispiele dieses Phänomens ansehen.

Ein neunundvierzigjähriger Mann erlitt einen so schweren Herzanfall, daß der Arzt nach fünfunddreißig Minuten angestrengter Wiederbelebungsversuche aufgab und den Totenschein auszustellen begann. Aber dann bemerkte jemand ein Aufflackern der Lebensgeister, und der Arzt machte sich mit Elektroschock- und Beamtungsgerät noch einmal daran, das Herz des Patienten wieder in Gang zu bringen, was ihm auch gelang.

Als der Patient am nächsten Tag wieder klar war, konnte er in allen Einzelheiten beschreiben, was im Notfallraum geschehen war. Der Arzt war überrascht. Noch mehr überraschte ihn freilich seine lebensechte Schilderung der assistierenden Schwester.

Er beschrieb sie vorzüglich, bis hin zu ihrer Keilfrisur und ihrem Nachnamen Hawkes. Er erzählte, sie habe einen Wagen über den Gang geschoben mit einem Apparat darauf, an dem zwei tischtennisschlägerartige Teile befestigt gewesen seien (ein Elektroschockgerät, das zur Grundausrüstung für die Reanimation gehört).

Der Arzt fragte, woher er den Namen der Schwester wisse und was sie während seines Herzanfalls getan habe. Er habe sich aus seinem Körper heraus in den Korridor bewegt, um nach seiner Frau zu sehen, antwortete der Patient, und dabei sei er genau durch Schwester Hawkes hindurchgegangen. Er habe ihr Namensschild gelesen und sich ihren Namen gemerkt, um ihr später danken zu können.

Ich unterhielt mich mit dem Arzt ausführlich über diesen Fall. Er fühlte sich durch das Geschehen ziemlich verunsichert. Es gebe nur eine Erklärung, warum der Patient diese Dinge so präzise berichten konnte, sagte der Arzt: Er müsse sie tatsächlich miterlebt haben.

Auf Long Island beschrieb eine siebzigjährige Frau sehr genau und anschaulich, was um sie herum passierte, als die Ärzte sie nach einem Herzanfall reanimierten. Diese Frau war seit ihrem achtzehnten Lebensjahr blind.

Sie konnte nicht nur beschreiben, wie die angewendeten Instrumente aussahen, sondern sogar ihre Farbe angeben.

Das Erstaunlichste für mich war, daß es die meisten dieser Instrumente noch gar nicht gab, als diese Frau vor über fünfzig Jahren das Augenlicht verlor. Und die Krönung war, daß sie sogar wußte, daß der Arzt einen blauen Anzug anhatte, als er mit der Reanimation begann.

Ein weiterer bemerkenswerter Fall, der belegt, daß uns bei Todesnähe-Erlebnissen nicht einfach nur das Gehirn einen Streich spielt, wurde mir von einem Arzt aus South Dakota übermittelt.

Dieser Arzt war auf dem Weg ins Krankenhaus eines Morgens auf einen anderen Wagen aufgefahren. Wegen des Unfalls machte er sich große Sorgen. Er befürchtete, daß die Insassen des anderen Wagens Schleudertraumata geltend machen und ihn auf ein hohes Schmerzensgeld verklagen würden.

Der Arzt war in Gedanken noch ganz bei diesem bedrückenden Vorfall, als er in den Notfallraum eilte, um einen Patienten mit Herzstillstand wiederzubeleben.

Am nächsten Tag erzählte ihm der gerettete Patient eine erstaunliche Geschichte: «Als Sie mich behandelten, bin ich aus meinem Körper rausgegangen und habe Ihnen bei der Arbeit zugesehen.»

Der Arzt begann nachzufragen, was der Patient gesehen hatte, und wunderte sich über die Genauigkeit seiner Schilderung. Der Patient beschrieb Farbe und Form der Geräte und sogar die Zeigerstände der verschiedenen Armaturen.

Es gelang dem Patienten schließlich, den jungen Herzspezialisten davon zu überzeugen, daß er die Wahrheit sagte, als er hinzufügte: «Herr Doktor, ich habe gemerkt, daß Sie sich wegen dieses Unfalls Sorgen gemacht haben. Aber Sie haben wirklich keinen Grund, sich Vorwürfe zu machen. Sie sind immer für andere da. Ihnen kann niemand etwas anhängen.»

Dieser Patient hatte nicht nur die äußere Umgebung in allen Einzelheiten mitbekommen, sondern auch, was in dem Arzt vorging.

Nach meinem Vortrag vor Ärzten im Armee-Stützpunkt Fort Dix in New Jersey kam ein Zuhörer und berichtete mir von seinem ungewöhnlichen Todesnähe-Erlebnis. Später wurden mir seine Angaben von den behandelnden Ärzten bestätigt.

«Ich war schwer krank und kurz davor, an Herzversagen zu sterben, und zugleich lag meine Schwester im selben Krankenhaus mit diabetischem Koma im Sterben. Ich ging aus meinem Körper raus und schwebte nach oben unter die Zimmerdecke. Von dort sah ich zu, wie die Ärzte sich an mir zu schaffen machten.

Plötzlich war meine Schwester bei mir, und wir unterhielten uns. Ich habe immer sehr an ihr gehangen, und wir hatten ein interessantes Gespräch über das, was da unten vorging. Doch auf einmal fing sie an, sich von mir wegzubewegen.

Ich wollte mitgehen, aber sie sagte mir immer wieder, ich müsse dableiben. «Du bist noch nicht dran», sagte sie. «Du kannst nicht mit mir kommen, weil es für dich noch nicht Zeit ist.» Dann verschwand sie in der Entfernung in einem Tunnel, während ich allein zurückblieb.

Als ich wieder zu mir kam, sagte ich den Ärzten, meine Schwester sei gestorben. Sie glaubten mir nicht, aber als ich dabei blieb, ließen sie auf der betreffenden Station nachfragen. Meine Schwester war tatsächlich gestorben, wie ich es gesagt hatte.»

Fälle wie diese sind für mich der Beweis, daß Todesnähe-Erlebnisse mehr als Halluzinationen oder «böse Träume» sind. Für die Erfahrungen dieser Menschen gibt es keine logische Erklärung. Tunnelerlebnisse und Lichtwesen mag man ja leicht als reine Hirngespinste abtun, aber Ausleibigkeitserlebnisse verblüffen selbst die größten Skeptiker unter den Ärzten.

Doch nun zu den verschiedenen Hypothesen über das Zustandekommen von Todesnähe-Erlebnissen und den Gründen, warum sie zur Erklärung dieses Phänomens nicht taugen.

Carl Sagan: Die Geburt als Tunnelerlebnis

Carl Sagan, der bekannte Astronomieprofessor von der Cornell-Universität in Ithaca im Staate New York, gehört zu denen, die das Tunnelerlebnis als Erinnerung an die Geburt interpretieren.

Oberflächlich gesehen ist dieser Vergleich sinnvoll. Jeder Mensch auf der Welt durchläuft den Vorgang der Geburt, was erklären könnte, warum sich Todesnähe-Erlebnisse gleichen, egal ob sie bei Buddhisten oder Baptisten vorkommen.

So gut wie jeder von uns kämpft sich durch den Geburtskanal und wird dann von Menschen, die sich über seine Ankunft freuen, in eine helle, farbige Welt gezogen.

Kein Wunder, daß Sagan eine Verbindung zwischen Geburt und Tod herstellt. In seinem Bestseller «Aufbruch in den Kosmos» schreibt er: «Die einzige andere Möglichkeit ist, soweit ich sehen kann, daß ausnahmslos jeder Mensch bereits das gleiche Erlebnis gehabt hat wie jene Reisenden, die aus dem Land des Todes zurückkommen: das Gefühl zu fliegen, der Übergang aus Dunkelheit ins Licht, zumindest manchmal die Erfahrung, undeutlich eine in strahlenden Glorienschein gehüllte, heroische Figur zu erblicken. Es gibt nur eine allgemeine Erfahrung, auf die diese Beschreibung paßt, und das ist die Geburt.»

Sagans These mag logisch erscheinen, solange man sie nicht hinterfragt, wie Carl Becker es getan hat. Der Philosophieprofessor von der Southern Illinois University studierte die pädiatrische Literatur, um festzustellen, wieviel ein Kind bei der Geburt wirklich aufnimmt und hinterher erinnern kann. Seine Schlußfolgerung: Kinder erinnern sich nicht an ihre Geburt und haben noch nicht die Fähigkeiten, um das dabei Erlebte im Gedächtnis zu behalten.

Hier Beckers Widerlegung Punkt für Punkt:

□ Die Wahrnehmung des Kindes ist noch nicht scharf genug, daß es sehen könnte, was während der Geburt vor sich geht. Nach Sagans These durchlebt der «Sterbende» in Todesnähe lediglich den Austritt aus dem Geburtskanal und die Begrüßung durch Hebamme, Arzt oder Vater noch einmal.

Becker widerlegt diese Annahme, indem er auf umfassende Studien zur kindlichen Wahrnehmungsfähigkeit verweist. Diese zeigen, daß der kindliche Geist noch nicht entwickelt genug ist, um irgend etwas klar wahrzunehmen.

Eine Untersuchung weist nach, daß Neugeborene Gestalten noch nicht auseinanderhalten können. Andere Untersuchungen haben ergeben:

□ Neugeborene reagieren noch nicht auf Licht, sofern der Helligkeitsunterschied nicht mindestens 70 Prozent beträgt.

□ Sie fixieren selten einen Gegenstand, und wenn sie es tun, können sie nur einen Ausschnitt davon für sehr kurze Zeit scharf sehen.

□ Neugeborene verwenden, wenn sie überhaupt einen Gegenstand fixieren, ein «Ecken-Abtast-Verfahren». Das heißt, sie fassen nur einen nahen, scharf vom übrigen abgesetzten Teil des Objekts und nicht das Objekt als Ganzes ins Auge.

□ Die Hälfte aller Neugeborenen ist noch nicht in der Lage, einen Gegenstand im Abstand von einer (erwachsenen) Armeslänge klar wahrzunehmen. Und kein Säugling von weniger als einem Monat vermag einen Gegenstand in eineinhalb Meter Entfernung ganz scharf zu sehen.

□ Die Augenbewegungen des Säuglings sind «schnell und ungeordnet», besonders beim Weinen. Und, wie man weiß, wird ihr Blick immer wieder von Tränen getrübt, *vor allem* während der Geburt.

Wie die Untersuchungen weiter gezeigt haben, können Säuglinge sich in der ersten Zeit kaum an Umrisse und Muster erinnern. Da ihr Gehirn noch nicht voll entwickelt ist und sie mit dem Leben außerhalb des Mutterleibs noch kaum in Kontakt gekommen sind, vermögen sie das, was sie sehen, noch nicht einzuordnen.

Selbst wenn es stimmte, daß das Todesnähe-Erlebnis eine Art «Drama-Playback» der Geburt wäre, müßte ich mich fragen, warum es in einem so positiven Zusammenhang stattfindet, wie das Todesnähe-Erlebnis es für die große Mehrzahl der Betroffenen darstellt. Für das Ungeborene ist die Geburt ein traumatischer Vorgang: Es wird in eine Welt hinausgestoßen, in der man es erst einmal mit dem Kopf nach unten hält, ihm einen Schlag versetzt und die Nabelschnur mit einer Schere durchschneidet.

Wäre das Todesnähe-Erlebnis eine Wiederholung der Geburt, wie Sagan glaubt, würde es bei den meisten wohl kaum eine so positive Wandlung einleiten.

Eine letzte Bemerkung noch zu Sagans Hypothese. Beim Tunnelerlebnis fliegen die meisten mit großer Geschwindigkeit auf ein Licht am Ende des Tunnels zu. Bei der Geburt wird das Gesicht des Kindes aber gegen die Wände des Geburtskanals gedrückt. Es blickt nicht hoch in ein sich näherndes Licht, wie Sagans These es nahelegt. Das Ungeborene kann nichts sehen, während es in die Welt gestoßen wird.

Erhöhter Kohlendioxidgehalt im Blut und das Tunnelerlebnis

Manche haben das Tunnelerlebnis «die Brücke in eine andere Welt» genannt. Es wird allgemein beschrieben als ein Gefühl, als ob man sich mit rasender Geschwindigkeit durch einen Tunnel auf einen immer größer werdenden Lichtpunkt am anderen Ende zubewegte.

Manche Forscher halten den Durchgang durch den Tunnel während des Todesnähe-Erlebnisses für eine Reaktion des Gehirns auf eine Erhöhung des Kohlendioxid-(CO_2)-Gehalts im Blut. Dieses Gas fällt bei der Atmung im menschlichen Organismus an. Vereinfacht gesagt, wir atmen Sauerstoff ein und Kohlendioxid aus. Wenn bei einem Herzanfall oder schweren Trauma die Atmung aussetzt, steigt der Kohlendioxidgehalt im Blut rapide an. Wird er zu hoch, beginnen die Körpergewebe abzusterben.

Da man die CO_2-Inhalation in den fünfziger Jahren als psychotherapeutisches Verfahren einsetzte, haben zahlreiche Patienten damit Erfahrungen gemacht. Die Begleitsymptome sind bekannt. Es gibt Fallstudien zu dieser heute nicht mehr angewandten Therapieform, in denen es heißt, man fühle sich dabei, als gleite man durch einen Tunnel oder kegelförmigen Schacht oder als sei man von hellen Lichtern umgeben.

Hinweise darauf, daß die CO_2-Inhalation von etwas Ähnlichem wie Lichtwesen und Lebensrückblicken begleitet werde, finden sich nicht.

Ich könnte das Argument, daß ein zu hoher Kohlendioxidgehalt des Blutes das Tunnelerlebnis verursacht, leichter akzeptieren, wenn Dr. Sabom nicht etwas ganz anderes festgestellt hätte.

In einem Fall maß der in Atlanta praktizierende Herzspezialist den Sauerstoffgehalt im Blut eines Patienten zufällig genau in dem Moment, als dieser ein eindrucksvolles Todesnähe-Erlebnis hatte. Dabei stellte sich heraus, daß sein Sauerstoffspiegel höher lag als normal.

Dieser Befund stellt die These, das Tunnelerlebnis beruhe auf einem CO_2-Überschuß, in Frage. So verweist Dr. Saboms Fallstudie zumindest auf die Notwendigkeit, erst weiter nachzuforschen, bevor man endgültige Aussagen macht.

Müssen Betroffene dem Tod nahe kommen?

Viele Skeptiker behaupten, die Ursache von Todesnähe-Erlebnissen liege in extremer körperlicher Belastung, in schwerer Krankheit. Sie räumen einerseits ein, daß Todesnähe-Erlebnisse bei Menschen vorkommen, die fast gestorben wären. Andererseits meinen sie aber, ernstlich – aber eben nicht lebensbedrohlich – Erkrankte könnten dasselbe Erlebnis haben.

Um diese Hypothese zu testen, befragte Dr. Melvin Morse elf Kinder zwischen drei und sechzehn Jahren, die dem Tod um Haaresbreite entgangen waren. Darunter waren Kinder, die im Koma gelegen oder einen Herzstillstand erlitten hatten. Bei sieben von ihnen waren Elemente des Todesnähe-Erlebnisses vorgekommen; sie erinnerten sich an den Aufenthalt außerhalb ihres Körpers, das Eintauchen in Dunkelheit, die Passage durch einen Tunnel und die Entscheidung, wieder in ihren Körper zurückzukehren.

Diese elf Patienten wurden mit neunundzwanzig Gleichaltrigen verglichen, die ernste Krankheiten mit niedriger Mortalität überlebt hatten und dabei nicht in das Grenzland zwischen Leben und Tod geraten waren. Aus dieser Gruppe erinnerte sich keiner an irgendein Element des Todesnähe-Erlebnisses.

Daraus zogen Morse und seine Mitarbeiter den Schluß: «...unabhängig von den... Ursachen dieser einzigartigen Erfahrung ist sicher, daß Kinder, die lebensbedrohliche Ereignisse überleben, Todesnähe-Erlebnisse [haben].»

Das zeigt, das das Todesnähe-Erlebnis speziell mit dem Grenzbereich zum Tod und eben nicht nur mit Krankheit zu tun hat.

Das Todesnähe-Erlebnis – eine Halluzination?

Manche Menschen nehmen an, daß Todesnähe-Erlebnisse bloß Halluzinationen seien, durch übermäßige Belastung, Mangel an Sauerstoff oder sogar durch Medikamente hervorgerufene Fehlleistungen unseres Gehirns.

Das stärkste Argument gegen diese Annahme ist das Auftreten von Todesnähe-Erlebnissen bei Patienten, die ein «flaches» EEG haben.

Das Elektroenzephalogramm oder EEG mißt die elektrische Aktivität des Gehirns. Es zeichnet die Hirnaktionsströme als Kurve auf einem fortlaufenden Papierstreifen auf. Diese Kurve steigt an oder fällt je nach den elektrischen rhythmischen Potentialschwankungen der Nervenzelltätigkeit bei Gehirnaktivität, wenn die Person denkt, spricht, träumt oder irgend etwas anderes tut. Ist das Gehirn tot, registriert das Hirnstrombild oder EEG eine Nullinie; das bedeutet: das Gehirn befindet sich nicht mehr in elektrischer Aktivität, es arbeitet nicht mehr («zerebraler oder zentraler Tod»). Ein Nullinien-EEG gilt heute in vielen Staaten als gesetzliche Definition dafür, daß der Tod eingetreten ist.

Damit das Gehirn arbeitet, muß ein elektrisches Potential vorhanden sein. Selbst Halluzinationen zeichnen sich auf dem EEG ab.

Aber es gibt viele Fälle, in denen Patienten mit Nullinien-EEG Todesnähe-Erlebnisse gehabt haben. Sie haben sie selbstverständlich überlebt, sonst hätten sie ja nicht darüber berichten können. Allein schon die Zahl dieser Fälle verrät mir, daß manche Menschen Todesnähe-Erlebnisse hatten, als sie klinisch tot waren. Hätte es sich um Halluzinationen gehandelt, hätte man sie auf dem EEG sehen müssen.

An dieser Stelle muß ich erwähnen, daß das EEG nicht

immer korrekt anzeigt, ob das Gehirn eines Patienten tot oder lebendig ist. So unglaublich es auch klingen mag: es gibt zweifelsfrei dokumentierte Experimente, bei denen man Elektroenzephalographen an Schüsseln voll Wackelpeter angeschlossen und Hirnstrombilder registriert hat!

Das heißt natürlich nicht, daß diese Götterspeise lebendig gewesen wäre. Das Wellenmuster zeigt lediglich, daß der Elektroenzephalograph Interferenzen (wahrscheinlich von Radiowellen) auffängt und auf dem Kurvenschreiber sichtbar macht. Manche sagen, das sei der Maschinenkobold.

Manchmal ist das Gehirn noch am Leben, aber so schwach, daß das EEG keine Aktionsströme mehr auffangen kann. Ein solcher Fall wurde mir einmal von einem Medizinprofessor an der Duke University in Durham in North Carolina mitgeteilt. Er sagte, sie hätten in ihrem Klinikum ein kleines Mädchen an den Elektroenzephalographen angeschlossen, bei der das Gerät keine Gehirnwellenaktivität mehr anzeigte.

Die Ärzte hielten das Mädchen für tot und wollten die lebenserhaltenden Apparate abschalten, aber ihre Familie weigerte sich. Die Angehörigen glaubten fest an ein Wunder und versammelten sich eine Woche lang zum Gebet um ihr Bett.

Und sie hat tatsächlich überlebt. Sie kam wieder zu Kräften und hat vor kurzem das 1. Schuljahr abgeschlossen. Der Medizinprofessor betonte, daß sie heute tot wäre, wenn man sich auf das EEG verlassen hätte. Dieser Vorfall zeigte ihm, was auch viele andere Ärzte entdeckt haben: Die Hirnstromaktivität kann sich so tief im Gehirn abspielen, daß die außen am Kopf befestigten Elektroden sie nicht mehr registrieren.

Religion Nebensache

Manche denken irrigerweise, nur gläubige Menschen hätten Todesnähe-Erlebnisse. Untersuchungen haben jedoch gezeigt, daß das nicht stimmt. Forscher wie Melvin Morse und andere haben herausgefunden, daß gläubige Menschen das Lichtwesen eher für Gott oder Jesus halten und den Ort am Ende des Tunnels am häufigsten «Himmel» nennen. Aber ihre religiöse Überzeugung ändert nichts am Kern des Todesnähe-Erlebnisses. Sie verlassen ihren Körper, haben Tunnelerlebnisse, sehen Lichtwesen und eine Lebensrückschau nicht anders als diejenigen, die nicht gläubig sind. Sie stellen das Erlebte erst nachträglich in einen religiösen Zusammenhang.

Eine kurze Nebenbemerkung: Ich habe festgestellt, daß es im allgemeinen zwei Gruppen von Menschen sind, die nach dem religiösen Aspekt von Todesnähe-Erlebnissen fragen. Die einen nehmen das Todesnähe-Erlebnis eines anderen Menschen zum Anlaß, um damit ihre Auslegung der Heiligen Schrift zu untermauern.

Die anderen wollen wissen, ob Atheisten nach einem TNE zu glauben anfangen. In ihren Augen würde das Todesnähe-Erlebnis eines Atheisten das ganze Phänomen stichhaltiger und «objektiver» machen. Sie gehen davon aus, daß ein nicht gläubiger Mensch ganz ohne vorgefaßte Anschauungen in ein Todesnähe-Erlebnis ginge.

Ich habe herausgefunden, daß sich die Frage der «religiösen Prägung» keineswegs auf die Unterscheidung religiös oder nicht religiös einengen läßt.

Wenn Sie sich mit diesem Problem beschäftigen, dürfen Sie nicht nur den bewußten Geist berücksichtigen. Sie müssen auch unbewußte Faktoren einbeziehen, denn unter Umständen glaubt man im Unbewußten etwas ganz anderes als auf bewußter Ebene.

Ich habe festgestellt, daß selbst Menschen, die sich als Atheisten bezeichnen, noch so etwas wie einen religiösen Hintergrund haben. Oder können Sie sich jemand vorstellen, der sich bis zum Alter von sechs oder sieben Jahren überhaupt keine Vorstellung von Gott bildet? Ich kann es nicht. Selbst wenn Eltern bewußt versuchen, ihr Kind gegen jede religiöse Beeinflussung abzuschirmen, nimmt es durch die Medien, die Schule, die Umwelt immer noch die in unserer Kultur verwurzelten christlichen Signale in sich auf. Diese Bilder erzeugen in jedem von uns die Vorstellung von Gott.

Gerät jemand in eine Grenzsituation wie das Sterben, steigen mit Sicherheit alle religiösen Vorstellungen in ihm auf, die er je gehört hat. So wie es auf dem Schlachtfeld keine Atheisten gibt, gibt es auch keine Atheisten am Rand des Todes.

Nach meiner Ansicht gibt es also eine unbewußte religiöse Empfänglichkeit, die Forscher selbst in einer Befragung nach einem Todesnähe-Erlebnis nicht aufdecken können.

Im großen und ganzen kommen die Tiefgläubigen jedoch aus einen TNE eher überkonfessionell zurück. Sie berichten, Gott achte mehr auf die spirituellen als auf die dogmatischen Seiten des Glaubens.

Warum nicht ein Todesnähe-Erlebnis wie das andere ist

Manchmal wird argumentiert, wenn das Todesnähe-Erlebnis wirklich ein Einblick in die spirituelle Sphäre wäre, dann müßten auch alle Betroffenen dasselbe erleben. Sie müßten alle ihren Körper von außen sehen, durch einen Tunnel schweben, mit lange verstorbenen Verwandten zusammentreffen, ein wunderbares Lichtwesen sehen und eine Lebensrückschau vorgeführt bekommen.

Aber in Wirklichkeit erleben nicht alle dasselbe. Ich habe in den vorangegangenen Kapiteln verschiedene Berichte und Untersuchungen angeführt, die zeigen, wie unterschiedlich Todesnähe-Erlebnisse verlaufen. Manche Menschen verlassen nur ihren Körper, während andere komplette Todesnähe-Erlebnisse haben, die sie in die spirituelle Sphäre führen.

Ich muß noch eine Studie erwähnen, die J. Timothy Green und Penelope Friedman von der California State University in Northridge durchführten. Sie machten Tiefeninterviews mit 41 Menschen, die nach Unfall, Krankheit oder Selbstmordversuch klinisch tot oder dem Tod nah gewesen waren. In dieser Gruppe kam es zu insgesamt 50 Todesnähe-Erlebnissen. Die dabei erreichten Stadien wurden aufgezeichnet und mit den entsprechenden Werten aus Kenneth Rings umfassenderer Untersuchung verglichen. Da Greens und Friedmans Stichprobe kleiner war, unterscheidet sich das prozentuale Auftreten einzelner Stadien deutlich von den Ergebnissen Rings. Das sollte man bei diesem Vergleich im Auge behalten:

Stadium	*Kenneth Ring*	*Green und Friedman*
1. Affektives Kernerlebnis (Frieden und Gelassenheit)	60 %	70 %
2. Ausleibigkeitserlebnis	37 %	66 %
3. Tunnel/Dunkelheit	23 %	32 %
4. Erblicken des Lichts	16 %	62 %
5. Eintritt in das Licht	10 %	18 %

Die Ergebnisse der Green-Friedman-Studie und ihr Vergleich mit Rings Forschungsarbeit verweisen noch einmal auf die Vielfalt der Einzelerfahrungen, die innerhalb des Todesnähe-Erlebnisses vorkommen. Alle Befragten hatten Todesnähe-Erlebnisse, aber deren Elemente variierten. Manche verließen lediglich ihren Körper, andere dagegen erlebten die Passage durch den Tunnel. Wieder andere durchliefen das komplette Erlebnis.

Die Grundfrage aber lautet immer noch: Müßte nicht jeder, der dem Tod nahe kommt, das gleiche Erlebnis haben?

Meine Antwort ist: Nein. Stellen Sie sich vor, zehn Leute machen Urlaub in Frankreich. Zweifellos würden sie nicht alle das gleiche erleben. Drei davon würden hinterher vielleicht hervorheben, sie hätten den Louvre besichtigt. Fünf würden berichten, sie hätten phantastisch gespeist, und zwei würden vielleicht sagen, sie hätten eine Flußfahrt gemacht. Nach der Rückkehr von ihrem Frankreichaufenthalt hätte jeder der zehn etwas anderes zu berichten, obwohl sich sicher Überschneidungen ergeben würden.

Genauso sprechen die Rückkehrer aus Todesnähe zwar von sich überschneidenden Elementen eines gemeinsamen Kernerlebnisses, aber keine zwei Todesnähe-Erlebnisse gleichen sich aufs Haar.

Die letzte Gutenachtgeschichte

Manche halten Todesnähe-Erlebnisse für einen psychischen Abwehrmechanismus zur Bewältigung des Schlimmsten, was uns passieren kann – des Todes. Sie glauben, aussichtslose Situationen brächten unser Gehirn dazu, sich selbst ein rosigeres Bild vorzugaukeln. Hier in vereinfachter Form die dabei angeblich ablaufende Ereigniskette:

□ Es gibt zwei verschiedene Arten, auf eine Gefahr zu reagieren. Können wir auf physischer Ebene reagieren – indem wir zum Beispiel einem heranbrausenden Auto ausweichen –, so tun wir das. Können wir unsere Lage physisch nicht verändern – weil uns das Auto überfahren hat –, dann ist unser Geist zur Bewältigung des Problems auf sich selbst zurückgeworfen. Er distanziert sich von der realen Situation, was manchmal bis zur Schaffung einer Phantasiewelt gehen kann.

□ Es scheint ein sehr passives Verhalten zu sein, sich in Phantasien zu flüchten, wenn man von einem Auto überfahren worden ist, ist aber tatsächlich oft die beste Lösung. In einer lebensgefährlichen Situation, in der wir Schmerzen haben und uns nicht bewegen können, sind wir zu sehr in Bedrängnis, um physisch etwas gegen die Schmerzen zu tun.

□ Um nicht unnütz Energie zu verbrauchen und den Körper vor dem Zusammenbruch zu bewahren, flüchtet sich der Geist tiefer in diese tröstliche Phantasiewelt. Dies lenkt uns nicht nur von den möglicherweise qualvollen Schmerzen ab, sondern hilft dem Körper auch, sich so gut es geht zu entspannen, so daß er besser mit inneren Verletzungen fertig werden kann.

□ Dieser Vorgang wird unterstützt durch die Fähigkeit des Gehirns, bestimmte chemische Substanzen zu erzeugen. Bei starken Schmerzen bildet es die sogenannten Gehirnopiate oder Endorphine, die etwa dreißigmal so wirksam sind wie Morphium. Vielleicht haben Sie ihre entspannende Wirkung nach einem anstrengenden Körpertraining selbst schon einmal gespürt. Sie verursachen das köstliche Gefühl, das auch «the runner's high» (das

Hochgefühl des Läufers) genannt wird. Eine schwere Verletzung bei einem Verkehrsunfall regt das Gehirn jedoch dazu an, eine sehr viel größere Menge dieser Substanzen zu bilden als beim Joggen und sie sehr rasch auszuschütten.

Die innere Distanzierung und die Phantasien werden stärker. Auf einmal beginnen eigenartige Dinge abzulaufen. Wir glauben, unseren Körper zu verlassen. Oder vielleicht finden wir uns in einem Tunnel wieder, wie wir mit Überschallgeschwindigkeit auf ein helles Licht zufliegen. Wir sehen möglicherweise unsere toten Großeltern wieder oder verstorbene Tanten und Onkel. Vielleicht nimmt uns eine faszinierende Lichtgestalt in Empfang und begleitet uns durch eine Rückschau über unser Leben. Es kann sein, daß wir in diesem «Himmel» bleiben wollen. Aber das Lichtwesen sagt uns, es sei Zeit zurückzukehren.

Binnen weniger Augenblicke – wir wissen nicht recht, wieviel später – haben wir das Gefühl, wieder in unseren Körper «eingesaugt» zu werden.

□ Wir kommen nicht mehr als dieselben in die wirkliche Welt zurück. Das in unserem eigenen Gehirn erzeugte Drogenerlebnis hat uns verändert. Es bringt uns dazu, die Welt mit anderen Augen zu sehen. Wir glauben vielleicht, durch dieses Erlebnis, das, wie wir erfahren, «Todesnähe-Erlebnis» genannt wird, einen Blick in ein jenseitiges Leben getan zu haben. Aber einige Wissenschaftler glauben lediglich, wir hätten beinahe unsere «letzte Gutenachtgeschichte» erlebt.

Ein Stück weit ist diese Theorie ganz schlüssig. Aber Todesnähe-Erlebnisse erklärt sie trotzdem nicht. So habe ich zum Beispiel noch nie von Untersuchungen gehört, die Endorphine mit Halluzinationen oder anderen visuellen Phänomenen in Verbindung gebracht hätten.

Ich weiß, daß Langstreckenläufer und andere Ausdauersportler in Training und Wettkampf außerordentlich hohe Dosen von Endorphinen produzieren. Oft fühlen sie sich nach längeren Anstrengungen fast euphorisch, was den Forschungsergebnissen über die Wirkung dieser Neurotransmitter entspricht.

Aber ich kenne keinen Fall, wo ein Ausdauersportler von Elementen des Todesnähe-Erlebnisses berichtet hätte, es sei denn, er wäre während der Ausübung seines Sports beinahe gestorben.

Diese Theorie erklärt auch nicht die Ausleibigkeitserlebnisse, von denen in diesem Buch die Rede war, bei denen die Betroffenen Gegenstände und Situationen, die sie außerhalb ihres Körpers erlebt haben, präzise beschreiben.

Vermutlich wirkt die eben skizzierte Argumentation deshalb plausibel, weil Endorphine tatsächlich inneren Frieden und ein starkes Wohlgefühl hervorrufen. Das ist keine Überraschung, denn sie stellen die Reaktion des Körpers auf heftige Schmerzen dar. Mehr ist aber mit diesem Argument logisch nicht zu beweisen.

Wunscherfüllung

Wer dem herannahenden Tod nicht ins Auge zu sehen wagt, versucht ihn vielleicht zu verleugnen, indem er phantasiert, er würde die Gefahr überleben. Diese Ausflucht nennt man in der Psychoanalyse «Wunscherfüllung». Mit ihrer Hilfe schützt sich der Betroffene vor der Einsicht, daß sein Leben unwiderruflich zu Ende geht.

Das nächstliegende Argument gegen die Erklärung von Todesnähe-Erlebnissen als Wunscherfüllung ist, daß alle Betroffenen nahezu das gleiche erleben. Handelte es sich bei Todesnähe-Erlebnissen bloß um Wunscherfüllung, würden die Betroffenen wahrscheinlich eher lebhafte

Erinnerungen an die letzte rauschende Silvesterparty haben oder davon träumen, von schönen Mädchen umgeben zu sein. In Wirklichkeit haben sie aber Tunnelerlebnisse und halten Rückschau über ihr bisheriges Leben.

Was Menschen in Todesnähe erleben, ist nicht einfach gewöhnliche Wunscherfüllung. Wenn es das wäre, sähen die Berichte der Rückkehrer anders aus und enthielten sicherlich nicht so viele Gemeinsamkeiten.

Ein weiterer Mangel dieser Erklärung ist, daß sie nicht mit dem tatsächlichen Geschehen während eines Todesnähe-Erlebnisses übereinstimmt. Ein psychischer Schutzmechanismus wie die Wunscherfüllung läßt die Situation beim alten, denn unsere Psyche setzt ihn ja gerade ein, um einer unwillkommenen Veränderung auszuweichen.

Ein Todesnähe-Erlebnis ist etwas völlig anderes. Es ist ein Durchbruch. Es läßt die Betroffenen nicht, wie sie sind, sondern bringt sie dazu, ihr Leben mit neuer Ehrlichkeit anzusehen.

Rückkehrer aus Todesnähe setzen sich intensiv mit sich selbst auseinander. Und sie fühlen sich glücklich dabei. Anders als Wunscherfüllung und Tagträume, die uns eine zeitweilige Flucht aus der Wirklichkeit ermöglichen, ist das Todesnähe-Erlebnis der Ausgangspunkt eines lebenslangen Veränderungsprozesses.

C. G. Jungs «kollektives Unbewußtes»

Der große Tiefenpsychologe C. G. Jung beobachtete, daß es in vielen Kulturen die gleichen Mythen und Märchen gibt, obwohl die verschiedenen Kulturen keine Verbindung zueinander haben. So ähnelt zum Beispiel die Schöpfungsgeschichte der Papago-Indianer der der alten Griechen.

Jung sprach vom «kollektiven Unbewußten» und nannte die einzelnen Motive «Archetypen». Diese sind vorgeformte Bilder, die im Verhalten aller Menschen zum Ausdruck kommen. Ein einfaches Beispiel für ein archetypisches Bild ist «Mutter». Das Wort für «Mutter» ruft in allen Kulturen einen ähnlichen Bedeutungsinhalt wach, es bezeichnet eine Art Urbild.

Jung hatte zwar selbst ein Todesnähe-Erlebnis, brachte es aber nicht in Zusammenhang mit dem kollektiven Unbewußten. Jungianer ziehen heute jedoch Parallelen zwischen Todesnähe-Erlebnissen und Archetypen, weil das Sterbeerlebnis kulturübergreifend (unabhängig von der Abstammung der Betroffenen) ist und bei Männern und Frauen aller Altersklassen im wesentlichen dieselben Komponenten umfaßt.

Ein archetypisches Erlebnis kommt etwa folgendermaßen zustande: Jemand träumt von Dingen, die nicht aus seinem oder ihrem bewußten Erleben stammen, sondern Motiven aus mythologischen Erzählungen oder alten Riten ähneln. Diese Traumelemente, deren Ursprung der Träumer sich nicht erklären kann, sind archetypisch.

Einige Jungianer glauben, Tod und Todesnähe würden tief im Unbewußten archetypische Bilder wachrufen. Diese Bilderwelt sei praktisch bei allen Menschen gleich, und so kämen Tunnelerlebnisse, Lichtwesen, Lebensrückblicke und ähnliches zustande.

Diese Theorie ist schwer zu widerlegen, gerade weil sie nichts weiter ist als bloße Theorie. Wie die übrigen hier dargestellten Erklärungsversuche enthält auch sie ein Körnchen Wahrheit. Aber als ihr größtes Manko empfinde ich, daß sie die Ausleibigkeitserlebnisse nicht erklären kann. Eine Theorie, die in diesem Punkt versagt, ist für mich wertlos.

Eine Erleuchtungserfahrung

Seit Jahren versuche ich, eine physiologische Erklärung für Todesnähe-Erlebnisse zu finden. Aber ich stehe immer noch mit leeren Händen da.

Die sogenannten Erklärungen erscheinen mir alle lükkenhaft oder unsolide. Ihre Urheber haben sich größtenteils nie die Mühe gemacht, mit Rückkehrern aus Todesnähe zu sprechen, ihnen ins Gesicht zu sehen und ihre Berichte anzuhören.

Täten sie das, kämen sie vielleicht zu derselben Erkenntnis wie der Philosoph William James, der die mystischen Bewußtseinszustände folgendermaßen beschrieb:

«Obwohl Gefühlszuständen so ähnlich, erscheinen mystische Zustände für die, die sie erfahren, auch Zustände der Erkenntnis zu sein (noëtische Qualität). Sie sind Zustände von Einsicht in Tiefen der Wahrheit, die vom diskursiven Intellekt nicht ausgelotet werden. Sie sind Erleuchtungen, Offenbarungen, voll von Bedeutung und Wichtigkeit, so unartikuliert sie im ganzen bleiben; und in der Regel haben sie einen merkwürdigen Geschmack von Autorität für die Nachwelt bei sich.»*

Es ist, mit einem Wort, eine Erleuchtungserfahrung.

* William James, Die Vielfalt religiöser Erfahrung. Eine Studie über die menschliche Natur. Übersetzt, herausgegeben und mit einem Nachwort versehen von Eilert Herms. Olten und Freiburg im Breisgau: Walter-Verlag 1979, Seite 359f.

Schlußfolgerungen

«Das unsagbar Herrliche»

Seit über zwanzig Jahren arbeite ich nun an vorderster Front der Todesnähe-Forschung. Tausende von Menschen berichteten mir über ihre zutiefst persönliche Reise... wohin? In die Welt drüben? In den Himmel, von dem ihre Religion spricht? In einen Bereich des Gehirns, der nur in Zeiten der Verzweiflung aktiviert wird?

Ich habe mit fast allen TNE-Forschern auf der Welt über ihre Arbeit gesprochen. Im Herzen halten sie Todesnähe-Erlebnisse für einen Blick in ein zukünftiges Leben. Aber als Naturwissenschaftler und Ärzte konnten sie immer noch nicht «wissenschaftlich beweisen», daß ein Teil von uns weiterlebt, nachdem der physische Körper gestorben ist. Der fehlende Beweis hindert sie daran, ihre wahre Meinung in der Öffentlichkeit zu äußern. Deshalb versuchen sie weiter, eine wissenschaftliche Antwort auf die verwirrende Frage zu finden: Was geschieht, wenn wir sterben?

Die Naturwissenschaft wird diese Frage meiner Meinung nach wahrscheinlich nie lösen können. Sie kann sie zwar von allen Seiten beleuchten, muß aber eine endgültige Erklärung schuldig bleiben. Selbst wenn man das Todesnähe-Phänomen im Laboratorium wiederholen könnte, was wäre damit gewonnen? Die Wissenschaft hätte lediglich ein paar Informationen mehr über eine Reise, die niemand sehen kann.

Die verschiedensten Forscher haben nach Wegen gesucht, wie man Todesnähe-Erlebnisse noch unmittelbarer untersuchen könnte. Ihre Vorschläge könnten vielleicht interessante Ergebnisse liefern, sind aber aus Gründen des ärztlichen Berufsethos so gut wie undurchführbar. Es schadet sicher nicht, über derartige Techniken nachzudenken, ihre praktische Anwendung würde aber wohl die Intimsphäre und die Sicherheit der Patienten gefährden.

Wenn ein Arzt einen sterbenden Patienten behandelt, ist das vordringlichste Ziel natürlich nicht, wissenschaftlich zu forschen, sondern den Sterbenden ins Leben zurückzuholen.

Wir Todesnähe-Forscher gerieten in ein schiefes Licht, wenn wir dafür plädierten, daß man Menschen in einer so kritischen Lebenssituation zum Versuchsobjekt macht. Es hieße, in einen der intimsten und außerordentlichsten Augenblicke im Leben eines Menschen einzudringen.

Es wäre unmoralisch, sich in irgendeiner Weise von der vordringlichen ärztlichen Pflicht ablenken zu lassen. Außerdem sind kaum Forschungsarbeiten denkbar, die das Todesnähe-Erlebnis noch klarer beleuchten würden als die in diesem Buch angeführten fundierten Untersuchungen.

Es wurden jedoch auch Vorgehensweisen vorgeschlagen, die zugleich aufschlußreich und unaufdringlich sind. So meinte ein Wissenschaftler, man solle Gegenstände, die normalerweise in einem Operationssaal nicht vorhanden sind – etwa merkwürdig geformte Medaillons –, auf dem Bauch der Patienten befestigen, die wegen Herzversagens reanimiert werden.

Auf diese Weise könnten die Patienten bei einem Ausleibigkeits-Erlebnis, wenn sie an der Decke schweben, dieses Medaillon erkennen.

Zunächst hört sich dieser Vorschlag vielleicht gar nicht schlecht an. Aber überlegen Sie mal: Wollten Sie, daß der

Arzt mit merkwürdig geformten Medaillons hantiert, wenn er sich eigentlich mit aller Kraft darauf konzentrieren sollte, Ihr Leben zu retten? Ich würde das nicht wollen.

Ein solches Vorgehen würde nicht nur die erwähnten ethischen Fragen aufwerfen, sondern auch für den Arzt, der die Reanimation vornimmt (oder versucht), und das Krankenhaus, das ein solches Experiment zuläßt, hochkomplizierte versicherungsrechtliche Probleme mit sich bringen.

Eine andere und – wie ich finde – vernünftigere Möglichkeit wäre, in den Räumen, in denen reanimiert wird, ein paar feste Markierungen anzubringen, die nur von der Decke aus zu sehen sind. Würde eine Person sie bei der Schilderung ihrer Wiederbelebung erwähnen, so wäre bewiesen, daß sie wirklich außerhalb ihres Körpers gewesen ist.

Besonders geeignete Markierungen wären meiner Ansicht nach große Aufkleber in leuchtenden Farben, die man so auf der Halterung der Deckenlampen anbringen müßte, daß sie nicht zu übersehen sind, wenn man an der Decke schwebt.

Einmal wurde auch eine eigenartige Untersuchungsmethode vorgeschlagen, bei der Gorillas eingesetzt werden sollten. Ich erwähne sie hier nur, weil sie illustriert, wie frustrierend es ist, das Todesnähe-Erlebnis nicht in einer klinischen Umgebung reproduzieren zu können.

Jemand schlug vor, man solle Gorillas eine Zeichensprache beibringen. Dann sollten Ärzte sie in einer kontrollierten Versuchssituation erst an den Rand des Todes bringen und danach wiederbeleben. Hätten die Tiere sich wieder erholt, könnte der Sprachtrainer sie in Zeichensprache nach ihrem Erlebnis «befragen».

Ich bin gegen diesen Vorschlag – erstens, weil das Tierquälerei wäre, und zweitens, weil es gar nichts einbringen würde. Wahrscheinlich bleibt das Todesnähe-Erlebnis gleich, egal ob es in einer kontrollierten Umgebung oder im wirklichen Leben stattfindet. Dinge wie das Tunnelerlebnis oder die dreidimensionale Lebensrückschau kann in *jeder* Situation sowieso immer nur der Betroffene selbst erleben. Warum also auch nur das Leben eines Gorillas dafür aufs Spiel setzen?

Ich empfinde diesen Vorschlag als so überspitzt, daß er keine lange Erörterung verdient. Aber ich habe den Vorschlag hier angeführt, da es die einzig denkbare Möglichkeit ist, wie man eine Tierstudie zum Thema Todesnähe-Erlebnisse durchführen könnte.

Da es keinen sicheren wissenschaftlichen Beweis gibt, daß Todesnähe-Erlebnisse uns wirklich einen Blick in das jenseitige Leben erlauben, fragt man mich immer wieder, was ich denn nun selber glaube: Sind Sterbeerlebnisse ein Zeichen für ein Leben nach dem Leben? Meine Antwort ist «Ja».

Verschiedene Charakteristika der Todesnähe-Erlebnisse haben mich zu dieser Überzeugung gebracht. Eines davon sind die nachprüfbaren Ausleibigkeitserlebnisse, die ich im vorigen Kapitel geschildert habe. Was könnte besser beweisen, daß Menschen den Tod ihres physischen Körpers überleben, als die vielen Fälle, in denen sie ihren Körper verlassen und die Wiederbelebungsmaßnahmen der Ärzte mitangesehen haben?

Diese Ausleibigkeitserlebnisse sind vielleicht der wissenschaftlich plausibelste Grund, an ein zukünftiges Leben zu glauben. Was mich an Todesnähe-Erlebnissen aber am meisten beeindruckt, sind die enormen Persönlichkeitsveränderungen, die sie mit sich bringen. Die Tatsache, daß Todesnähe-Erlebnisse die Betroffenen völlig verwandeln, zeigt, wie folgenreich und real sie sind.

Nachdem ich mich jetzt zweiundzwanzig Jahre mit Todesnähe-Erlebnissen beschäftigt habe, meine ich, daß es nicht genügend schlüssige wissenschaftliche Beweise für ein Leben nach dem Tod gibt. Aber das gilt nur für die wissenschaftliche Argumentation.

Das Herz urteilt anders. Es ist offen für Dinge, die nicht auf einer streng wissenschaftlichen Weltsicht beruhen. Aber wer, wie ich, in der Forschung arbeitet, der verlangt schon eine gründlichere Sondierung.

Aufgrund einer kritischen Analyse der bisherigen Forschungsergebnisse bin ich überzeugt, daß Rückkehrer aus Todesnähe tatsächlich einen Blick nach «drüben» getan haben und für kurze Zeit mit einer ganz anderen Wirklichkeit in Berührung gekommen sind.

C. G. Jung drückt in einem Brief von 1944 meine Meinung über das Leben nach dem Leben gut aus. Jung hatte ein paar Monate zuvor während eines Herzanfalls selbst ein Todesnähe-Erlebnis gehabt.

«Das, was jenseits des Todes sich ereignet, ist so unaussprechlich großartig, daß unsere Imagination und unser Gefühl nicht ausreichen, um auch nur einigermaßen richtig aufzufassen. ... Früher oder später werden alle Toten zu dem, was wir auch sind. Um dieses Wesen wissen wir aber in dieser Wirklichkeit wenig oder nichts, und was werden wir jenseits des Todes noch von der Erde wissen? Die Auflösung unserer zeitbedingten Form in der Ewigkeit ist kein Verlust an Sinn. Vielmehr lernt der kleine Finger seine Zugehörigkeit zur Hand erkennen.» *

* C. G. Jung an Frau B. (ungenannte Adressatin in der Schweiz) vom 11.7.1944. Aus: C. G. Jung, Briefe, Erster Band 1906-1945, Olten und Freiburg im Breisgau: Walter-Verlag 1972, Seite 425

Literaturhinweise

Neben den bereits erwähnten Werken trugen folgende Arbeiten zu meinem Verständnis von Todesnähe-Erlebnissen und zu meiner Meinungsbildung bei:

Raft, David, und Andresen, Jeffry: Transformations in Self-Understanding After Near-Death Experiences (Wandlungen des Selbstverständnisses nach Todesnähe-Erlebnissen). In: *Contemporary Psychoanalysis,* Juli 1986, Band 22, S. 319–346.

Gefühle und Gedanken der Betroffenen bei Todesnähe-Erlebnissen, dargestellt am Beispiel zweier Patienten, die nach einem Todesnähe-Erlebnis eine besondere Form der Selbsterkenntnis zeigten. Sie waren begierig, mehr über sich zu erfahren, waren hochsensibel für sensorische Reize und strebten nach Erlebnissen mit Tagtraumcharakter. Erinnerungen wurden wiederentdeckt, bisher unerkannte Gefühle und Gedanken bei anderen wahrgenommen und Verluste betrauert. Außerdem wird der Fall eines Mannes dargestellt, der nach einem Herzstillstand umfassende Selbsterkenntnis und erhöhte Aktivität zeigte. Es wird diskutiert, welche Einsichten potentiell während eines Todesnähe-Erlebnisses erworben werden können.

Gabbard, Glen, und Twemlow, Stuart: An Overview of Altered Mind/Body Perception (Überblick über Veränderungen der geistigen und körperlichen Wahrnehmung). In: *Bulletin of the Menninger Clinic,* Juli 1986, Band 50, S. 351–366.

Inhalt: Der Artikel behandelt die verschiedenen Formen veränderter geistiger und körperlicher Wahrnehmung, wie Ausleibigkeitserlebnisse, Depersonalisation, heautoskopische Erlebnisse, gestörtes Körpergrenzerleben bei Schizophrenie und Todesnähe-Erlebnisse. Diese Phänomene bilden einen zusammenhängenden Komplex, der von aufbauenden, lebensverändernden Erfahrungen bis zu stark pathologischen Störungen reicht. Behandlungsgrundsätze werden diskutiert, und es wird hervorgehoben, daß die einzelnen Zustände unterscheidbar sind und ein unterschiedliches Eingreifen erfordern.

Kirshnan, V.: Near-Death Experiences: Evidence for Survival? (Todesnähe-Erlebnisse: Hinweis auf ein Überleben?). In: *Anabiosis,* Frühjahr 1986, Band 5, S. 21–38.

Der Autor argumentiert, daß Ausleibigkeitserlebnisse und andere Elemente des Todesnähe-Erlebnisses sowie die damit einhergehende angenehme Gemütsstimmung kein überzeugender Beweis für ein Überleben nach dem Tode seien.

Becker, Carl: View from Tibet: NDEs and the Book of the Dead (Todesnähe-Erlebnisse und das Tibetanische Totenbuch). In: *Anabiosis,* Frühjahr 1985, Band 5, S. 3–20.

Der Autor behandelt das Todesnähe-Erlebnis und das Leben nach dem Tod vor dem Hintergrund der Bon-Religion und des Wadschrajana-Buddhismus sowie der Lehren des Tibetanischen Totenbuchs. Übereinstimmungen mit Todesnähe-Erlebnissen einschließlich Ausleibigkeitserlebnissen, Lebensrückblick und Beurteilung werden angeführt.

Bauer, Martin: Near-Death Experiences and Attitude Change (Todesnähe-Erlebnisse und Einstellungsänderungen). In: *Anabiosis,* Frühjahr 1985, Band 5, S. 39–47.

Hier geht es um den Zusammenhang zwischen Todesnähe-Erlebnissen und nachfolgender Einstellungsänderung. 20 Frauen und 8 Männern zwischen 31 und 75 Jahren, die nach eigener Einschätzung ein Todesnähe-Erlebnis gehabt hatten, wurde ein Fragebogen vorgelegt, der sieben Einstellungskategorien maß. Mit Hilfe dieses «Lebenseinstellungs-Profils» sollte festgestellt weden, ob die Betreffenden so leben, wie sie es sich wünschen, ob es ihrem Leben an Sinn fehlt und wie stark sie an eine sinnvolle Existenz glauben.

Rodabough, Tillman: Near-Death Experiences: An Examination of the Supporting Data and Alternative Explanations (Todesnähe-Erlebnisse: Überblick über die zugrundeliegenden Daten und abweichende Erklärungsmöglichkeiten). In: *Death-Studies,* 1985, Band 9, S. 95–113.

Der Artikel faßt das Modellerlebnis aus R. A. Moodys Buch *Leben nach dem Tod* zusammen und führt kurz die einzelnen Elemente an. Für ähnliche Todesnähe-Erlebnisse werden metaphysische, physiologische und sozialpsychologische Erklärungsmuster angeführt.

Der Autor kommt zu dem Schluß, daß diejenigen, die an ein Leben nach dem Tod glauben, in Todesnähe-Studien weder Widerspruch noch Unterstützung finden.

Pasricha, Satwant, und Stevenson, Ian: Near-Death Experiences in India: A Preliminary Report (Todesnähe-Erlebnisse in Indien: Ein erster Bericht). In: *Journal of Nervous and Mental Disease,* März 1986, Band 175, S. 165–170.

Die Autoren berichten über sechzehn Fälle von Todesnähe-Erlebnissen, die in Indien beobachtet wurden. Nach einer knappen empirischen Beschreibung der Merkmale von vier Todesnähe-Erlebnissen erörtern die Autoren die Charakteristika, durch die sich die von ihnen untersuchten Fälle von einer größeren Stichprobe in den USA vorgekommener Todesnähe-Erlebnisse unterscheiden. Dazu zählt im typischen Fall das Empfinden, zu einem Boten geführt zu werden, der nach der Durchsicht einer Liste feststellt, daß ein Fehler vorgekommen und der Kranke noch nicht zu sterben bereit ist. Die Autoren weisen darauf hin, daß diese Abweichungen wahrscheinlich nicht nur auf unterschiedlichen kulturellen Normen beruhten, sondern tatsächlich eine unterschiedliche Vorstellung vom Leben im Jenseits widerspiegeln könnten.

Greyson, Bruce: A Typology of Near-Death Experiences (Verschiedene Typen von Todesnähe-Erlebnissen). In: *American Journal of Psychiatry,* August 1985, Brand 143, S. 967–969.

Der Autor untersuchte 89 Betroffene mit Hilfe der *Near-Death Experience Scale.* Dieser Test mißt die kognitiven, affektiven, parapsychologischen und transzendenten Komponenten des Todesnähe-Erlebnisses. Die Clusteranalyse ergab drei Faktorenbündel: transzendente, affektive und kognitive Todesnähe-Erlebnisse. Die Befragten, die diese verschiedenartigen Todesnähe-Erlebnisse gehabt hatten, unterschieden sich jedoch hinsichtlich demographischer Variablen oder ihrer Position auf der *Marlowe-Crowne Social Desirability Scale* nicht signifikant voneinander. Es ergab sich keine signifikante Korrelation zwischen der Art des Todesnähe-Erlebnisses und dem jeweiligen speziellen Anlaß. Plötzliche, die Person unvorbereitet überfallende Todesnähe-Erlebnisse waren aber selten mit kognitiven, jedoch häufig mit transzendenten oder affektiven Erlebnisinhalten verknüpft. K. Rings Invarianz-Hypothese, die besagt, daß Todesnähe-Erlebnisse verschiedener Personen im Grunde immer gleich ablaufen, wurde durch diese Ergebnisse nicht bestätigt. Statt dessen deuten Greysons Erkenntnisse darauf hin, daß die aktuelle psychische Einstellung der Person die Art des Todesnähe-Erlebnisses bestimmt.

Straight, Steve: A Wave Among Waves: Katherine Anne Porter's Near-Death Experience (Eine Welle unter vielen: Katherine Anne Porters Todesnähe-Erlebnis). In: *Anabiosis,* Herbst 1984, Band 4, S. 107–123.

Der Artikel behandelt die 1938 erschienene Kurzgeschichte *Fahles Pferd, fahles Feuer* von Katherine Anne Porter, die auf der beinahe tödlich verlaufenen Grippeinfektion der Autorin während der Epidemie von 1918 beruht. Der Verfasser des Artikels vertritt die Ansicht, die in der Geschichte geschilderte Hauptvision sei ein tiefgehendes Todesnähe-Erlebnis der Art, die Raymond Moody als erster beschrieben habe. Biographische Quellen und Interviews mit K. Porter werden herangezogen, um das visionäre Erlebnis innerhalb der Geschichte aufzuzeigen und die physischen und psychischen Folgen zu erläutern, die es für die Schriftstellerin hatte. Die in der Geschichte vorkommende Vision des Paradieses wird ebenfalls als Todesnähe-Erlebnis bezeichnet. Zwei kritische Studien zu dieser Kurzgeschichte werden kurz diskutiert.

Rogo, Scott: NDEs and Archetypes: Reply (Todesnähe-Erlebnisse und Archetypen. Eine Erwiderung). In: *Anabiosis,* Herbst 1984, Band 4, S. 180.

Der Verfasser antwortet auf den Einwand von Michael Grosso, er habe in seiner Arbeit über Todesnähe-Erlebnisse, die durch das Anästhetikum Ketamin verursacht wurden, Grossos Hypothese vom archetypischen Gehalt von Todesnähe-Erlebnissen nicht genügend berücksichtigt. Rogo stellt klar, daß er die Archetyp-Hypothese als «Nichthypothese» betrachtet. Er behauptet, im Fall der drei durch Ketamin verursachten Todesnähe-Erlebnisse von einem objektiven, und nicht persönlichen, Standpunkt aus argumentiert zu haben. Obwohl Rogo der Idee der Archetypen positiv gegenübersteht, weist er darauf hin, daß bisher nicht objektiv nachgewiesen werden konnte, daß es sie tatsächlich gibt.

Grosso, Michael: NDEs and Archetypes (Todesnähe-Erlebnisse und Archetypen). In: *Anabiosis,* Herbst 1984, Band 4, S. 178–179.

Der Verfasser interpretiert Todesnähe-Erlebnisse vom Begriff der Archetypen her. D. S. Rogo wandte gegen diese Hypothese ein, sie sei eine «Nichthypothese», da sie etwas Unbekanntes durch ein anderes Unbekanntes zu erklären versuche. Michael Grosso wiederum erklärt, Rogo verwerfe seine Hypothese vorschnell, vor allem, da er selbst auf den Begriff der Archetypen zurückgegriffen habe, um das Auftreten ungewöhnlicher Erscheinungen zu erklären.

Siegel, Ronald, und Hirschman, Ada: Hashish Near-Death Experiences (Todesnähe-Erlebnisse nach Haschischkonsum). In: *Anabiosis,* Frühjahr 1984, Band 4, S. 69–86.

Der Artikel referiert ältere Arbeiten über Haschisch-induzierte Todesnähe-Erlebnisse. Die Verfasser schließen sich meist der Sichtweise des französischen Psychiaters Jacques Joseph Moreau an, daß diese Erlebnisse Halluzinationen seien; andere glauben, durch Haschisch herbeigeführte Todesnähe-Erlebnisse enthüllten eine tiefere Wirklichkeit, wie sie in den Werken Emanuel Swedenborgs geschildert wird. In den meisten Berichten über die durch hohe Dosen von Rauschgift erzeugten Erlebnisse kommen Elemente und Ereignissequenzen vor, wie wir sie aus «normalen» Todesnähe-Erlebnissen kennen.

Über die Autoren

RAYMOND AVERY MOODY, JR., wurde am 30. Juni 1944 in Porterdale in Georgia geboren. Er erwarb seinen B. A. (bachelor of arts), seinen M. A. (master of arts) und seinen Ph. D. (doctor of philosophy) an der University of Virginia in Charlottesville. Er lehrte Philosophie an der East Carolina University in Greenville, North Carolina. Seinen medizinischen Doktortitel erwarb er 1976 am Medical College of Georgia in Augusta, arbeitete anschließend als Assistenzarzt an der University of Virginia Medical School. Von 1983 bis 1985 war Dr. Moody Forensic Psychiatrist am Central State Hospital in Georgia. Seitdem arbeitet er in seinem heimatlichen Bundesstaat als niedergelassener Psychiater in eigener Praxis und lehrt zugleich als Associate Professor of Psychology am West Georgia College in Carrollton.

COLIN WILSON, der britische Autor, wurde durch sein 1956 erschienenes Erstlingsbuch «The Outsider» bekannt; schrieb danach, neben phantastischen Romanen, zahlreiche Werke über Philosophie, Kriminologie und Grenzwissenschaften, darunter der Welterfolg «Das Okkulte».

PAUL PERRY ist Chefredakteur des «American Health Magazine» und Dozent am Gammett Center for Media Studies. Autor zahlreicher Artikel und mehrerer Bücher über medizinische Themen.